U0143049

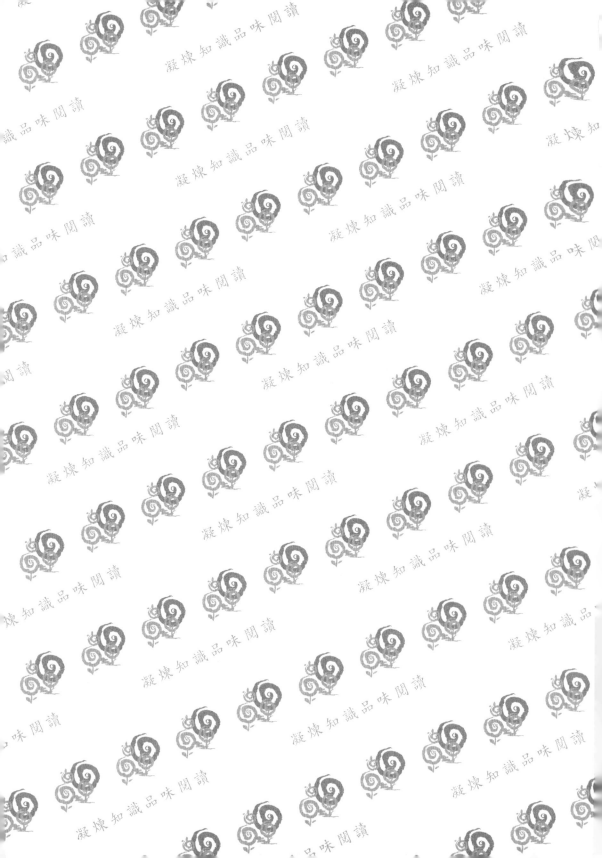

我所觀察到的美國小學教育
尊重、自然、自主、多元、開放、核心素養導向

林政逸　著

五南圖書出版公司 印行

序

　　2017-2018 年（106 學年度）我向服務的學校——國立臺中教育大學，申請到美國 UCLA 擔任訪問學者一年，我帶著太太 Sylvia 和兩個小孩（Tim 和 Ian）一起到了美國。因為是第一次到美國，準備工作千頭萬緒，小孩到美國就學一年當然也是必須煩惱的問題。

　　因為以前念碩、博士班時，讀過美國的教育政策與教育改革，對於美國的小學教育有一些概念，但這些都只是比較大方向的教育政策，也都有好幾年歷史了，所以，整體來說，並無整體或者微觀的了解。

　　在美國訪學期間，我們全家人住在美國加州洛杉磯的橘郡（Orange County），學區是 Los Alamitos School District，Tim 和 Ian 於 2017-2018 school year 就讀 Rossmoor Elementary School 這所公立小學一年。在這一年中，我除了是家長之外，也具有教育工作者的角色：讀中師院時是公費生，之前在臺灣的小學也有任教過幾年的實務經驗，在中教大師培處也兼任過行政 4 年，透過這樣多元的身分與經歷，以類似民族誌的方式與觀察者的角色，除仔細觀察 Tim 和 Ian 的求學狀況，也實際參與學校辦理的各項課程或活動，以教育專業的角度仔細觀察 Rossmoor 這所小學的辦學情形，歸納出以下幾點特色：

一、尊重

　　學校的教師一直都很強調尊重他人，不論是班級常規、課程或活動，都一再強調要落實，甚至於 Rossmoor 小學的願景：P.R.I.D.E 中的「R」，就是 Respectful。

二、自然

　　美國的小學應該是孩子的天堂，之所以這麼說，是因為美國小學不像臺灣的小學，有高度的考試以及升學（例如：升私中）的壓力，所以，在美國小學求學過的小孩都很喜歡這裡的環境，甚至都不想回國了，就是因為美國小學教育比較「自然」。

　　不論是 Rossmoor 小學，或是我在美國期間所聽到的，美國小學是沒有所謂的期中考或期末考（但加州有州測驗），學生學業成效是依靠授課教師平日的觀察與評量。也就是因為沒有段考的壓力，教師教學比較「自然」；不像臺灣，到了段考前一、二週，師生與家長都籠罩在考試的壓力，考前複習有做不完的測驗卷。因為有了考試，一切都變得「不自然」，教師有教學趕進度的壓力、學生有必須考好的壓力、家長有協助孩子複習功課的壓力，大家都籠罩在壓力鍋下，變得不自然，也不快樂。

三、自主

　　美國小學教師強調孩子的自主學習，透過教學，教導學生學習策略，讓孩子在教師的引導下，與同學合作，學會自主學習所需的自我規劃、搜尋與整理資料、小組團隊合作，以及上台分享等素養。

四、多元

　　美國是種族融合的國家，在這裡，不僅有各色人種，在小學裡也可遇到各種國籍背景的同學，像是：亞洲人、歐洲人、中南美洲人等，這樣的多元學生背景，讓這裡看起來像是小小聯合國，使學生從小就在完全國際化的多元環境下，學習與不同國籍或背景的同學相處，也從小就接觸不同的國家文化，培養國際觀。

五、開放

美國是一個很開放的國度，這一點也展現在小學教育上。在這裡，學校對於學生不會有太多枝枝節節的要求，像是學生不必買制服或書包，升旗沒有整隊、沒有訓話，而且儘量讓孩子表現，例如：頒獎時不是由校長或教師，而是由孩子獻花給退休教師或學校志工。另外，在這裡，孩子可以自由選擇自己想要做的事情，只要不影響到別人即可，大人不會給太多指令。

六、核心素養導向

Tim 和 Ian 的導師教學或學生報告，不僅常進行跨領域的教學設計，也常常透過分組合作學習模式，讓學生分工完成報告；在評量上更是運用多元評量的方式來檢視學生是否習得素養，這些相關做法非常值得臺灣的小學教師參考。

在此必須強調的是，筆者是站在比較客觀的角度來詮釋美國小學教育，對於美國小學教育提出自己的看法，包括美國小學教育的優點。當然，我也提出美國小學教育的一些問題，不會因為到過美國一年，就認為外國的月亮比較圓，美國什麼都好。其次，本書所談及的內容，主要以 Tim 和 Ian 就讀的 Rossmoor 小學為主，但因美國有 50 州，不僅國土廣袤，也是個非常多元的社會，教育體制亦相當複雜，無法將這本書所談及的內容類推到美國其他州的小學。再者，本書雖非「很學術」，但在寫作上仍舊謹慎，力求各項客觀資訊的正確性。

最後，我要說的是，撰寫本書其實可有可無，既無助於升等與教師評鑑，那為何還要花那麼多時間撰寫？原因之一是 Tim 和 Ian 在美國讀了一年小學，有許許多多美好的回憶，透過文字可以將這些回憶變成永恆；其次，我受了恩師江志正教授的影響。江教授於 2007-2008 年赴美 Wisconsin Madison 校區進行一年訪學，之後，他將訪學一年期間所

見所聞寫成《經驗 驚豔 麥迪遜》，並送了一本給我。赴美訪學前，我再度拿出這本書多次細細研讀，不僅讓我對於訪學有了較清楚的概念，也對於江老師仔細的觀察、深刻的體驗、豐富的見解、幽默的文筆，以及對於美國各種制度深刻的省思深感佩服，因此，我見賢思齊，產生了不能讓這一年留白，希望將這一年所觀察到的美國小學教育訴諸文字的念頭。希望透過觀察美國小學教育，蒐集相關文件資料，了解其發展背景與所具有之特色，撰寫此書供我國研究小學教育之學者、學校教育人員，或是關心教育發展的家長參考。希冀透過本書所介紹的美國小學教育，反思我國小學教育的發展，學習其優點、避免其缺點，使我國的小學教育發展能更臻於完善的境地！

　　本書的出版，特別感謝五南圖書出版公司、黃文瓊副總編輯以及各位編輯人員，於此一併致謝！

林政逸

2021 年於中教大英才樓

目　錄

序　i

① 開學前的準備工作 Preparation Before School Begins ⋯⋯⋯⋯⋯⋯ 1

② 返校了 Back to School ⋯⋯⋯⋯⋯⋯⋯⋯⋯⋯⋯⋯⋯⋯⋯⋯⋯⋯ 19

③ 學期第一天 The First Day of School ⋯⋯⋯⋯⋯⋯⋯⋯⋯⋯⋯⋯ 29

④ 走路上學 Walk to School ⋯⋯⋯⋯⋯⋯⋯⋯⋯⋯⋯⋯⋯⋯⋯⋯ 37

⑤ 學校願景 School Vision: P.R.I.D.E ⋯⋯⋯⋯⋯⋯⋯⋯⋯⋯⋯⋯ 45

⑥ 課後學習方案 After School Program ⋯⋯⋯⋯⋯⋯⋯⋯⋯⋯⋯ 57

⑦ 班親會 Parent Teacher Conference ⋯⋯⋯⋯⋯⋯⋯⋯⋯⋯⋯⋯ 63

⑧ 加州州測驗 State Test ⋯⋯⋯⋯⋯⋯⋯⋯⋯⋯⋯⋯⋯⋯⋯⋯⋯ 71

⑨ 科學展覽 STEM Fair ⋯⋯⋯⋯⋯⋯⋯⋯⋯⋯⋯⋯⋯⋯⋯⋯⋯⋯ 75

⑩ 感謝教師 Teacher Appreciation ⋯⋯⋯⋯⋯⋯⋯⋯⋯⋯⋯⋯⋯ 87

⑪ 升旗集會 Assembly ⋯⋯⋯⋯⋯⋯⋯⋯⋯⋯⋯⋯⋯⋯⋯⋯⋯⋯ 95

⑫ 捐款 Donations ⋯⋯⋯⋯⋯⋯⋯⋯⋯⋯⋯⋯⋯⋯⋯⋯⋯⋯⋯⋯ 103

⑬ 攜帶您的筆電設備 Bring Your Own Device ⋯⋯⋯⋯⋯⋯⋯⋯ 123

⑭ 閱讀 Reading ⋯⋯⋯⋯⋯⋯⋯⋯⋯⋯⋯⋯⋯⋯⋯⋯⋯⋯⋯⋯⋯ 135

⑮ 100 萬字獎章 One Million Medal ⋯⋯⋯⋯⋯⋯⋯⋯⋯⋯⋯⋯⋯ 145

⑯ 教學與學習 Instruction and Assessment ⋯⋯⋯⋯⋯⋯⋯⋯⋯⋯ 153

⑰ 教室布置 Classroom Decoration ⋯⋯⋯⋯⋯⋯⋯⋯⋯⋯⋯⋯⋯ 191

18 校外旅行 Field Trip ⸻ 201

19 生病 Sickness ⸻ 209

20 特別人士的日子 Special Person's Day ⸻ 213

21 情人節 Valentine's Day ⸻ 219

1

開學前的準備工作
Preparation Before School Begins

　　有小孩要在美國念小學，對父母來說是一件大事。就我的經驗而言，在出發前往美國之前，必須先做以下準備：

申請接種疫苗證明

　　在美國小學有關註冊的網頁上，有說明需要哪些接種證明，例如：百日咳、日本腦炎等等。我到網頁上查到，California Department of Public Health 有一個 PARENTS' GUIDE TO IMMUNIZATIONS: REQUIRED FOR SCHOOL ENTRY，上面註明疫苗注射的要求，依照不同年齡與年級有不同規定：(1) Polio（小兒麻痺症）；(2) Diphtheria（白喉）；Tetanus（破傷風）和 Pertussis（百日咳）；(3) Measles（麻疹）、Mumps（腮腺炎）和 Rubella（風疹）；(4) Hepatitis B（肝炎）；(5) Varicella（水痘）。

　　可以到自己居住地的衛生所開證明，證明書上有中英文說明。

申請在臺灣就讀小學的在學證明

　　在臺灣時，因為聽別人說要到美國念小學，必須準備在學證明書。

1

於是，我就先到小孩就學的國小申請，上面會有小孩已經就讀的各年級成績證明。不過，到了美國之後，到小學註冊時，學校並沒有收這份在學證明。

打好基本的英語基礎

要到美國讀書，當然，最重要的準備工作就是把英文練好。因為中教大實小有辦 ESL Program，Tim 和 Ian 從小一時，就參加這個 ESL Program。這個班跟一般坊間的 ESL 類似，有請外師教學，另外，也有一位中籍教師協助教學。這個 ESL 比較特別的是，它比較強調全方位的多元學習，不全然是升學考試導向，因此，課程包含範圍較廣，甚至包含律動與體育（PE）。

了解要就讀的小學和學區

Tim 和 Ian 從小一學到小三，基本上已經具備一些基礎的英文聽、說、讀、寫能力。但是，「搞操煩」的我，一直覺得這樣還不夠，深怕他們到了美國會無法跟上教師的教學進度，甚至聽不懂老師在講什麼。後來，我到要就讀的美國小學網頁上下載 Parent /Student Handbook（2016-2017），上面除了載明學區的使命、教育委員會名單、各年級教師名單等等，最重要的還有各種學校資訊，例如：ARRIVAL AND DEPARTURE、PARENT & COMMUNITY SUPPORT（包含 PTA）、SPECIAL INSTRUCTIONAL PROGRAMS（包含 GIFTED AND TALENTED、INTERVENTION PROGRAMS 等），以及學校的各項政策（POLICIES）。整體而言，這本厚達 25 頁的手冊，給身為家長的我，對於要就讀的學區以及小學，有了很完整詳細的了解。

除了下載 Parent/Student Handbook 之外，我也從學校網站下載學校的午餐菜單，讓 Tim 和 Ian 了解，美國小學午餐大概會有哪些食物？看

了菜單，才發現跟臺灣的小學午餐大大不同，例如：有披薩、熱狗、巧克力餅乾等等。我們也藉此機會，增加了解一些食物的英文字彙。

除此之外，我還到圖書館借了一些英語書籍，這些書籍除了介紹美國的文化與節慶，例如：感恩節、復活節、聖派屈克節（Saint Patrick's Day）等等。希望讓我自己與家人在去美國前，就先對美國的節日有較清楚的了解，一方面未來比較能盡速融入美國的生活，一方面 Tim 和 Ian 在美國小學，也比較能了解教師與同學在談什麼。

值得一提的是，Tim 和 Ian 在美國念小學時，他們表示每天都會有一段時間（大約 30 分鐘），到另一間教室由不同教師協助加強英文，主要是閱讀英文書籍，並由教師予以指導。我問過 Tim 和 Ian，他們都很喜歡上這個班，因為每次課程結束，教師都會給他們一顆糖果或巧克力，看來小孩真的很容易被收買。

這個英文班是 small group instruction，類似英語加強班，參加的主要為母語不是英語的學生，而且依照學生英語程度的不同，參加不同的班別。由 small group instruction 可知，加州政府以及學區，考量到加州這一、二十年來，有眾多來自亞洲、中南美洲等各地的移民，或是因為工作、研究、交流，到此短暫停留的家庭，面對這些移民家庭的孩子，學校必須給予英語學習上的協助，並追蹤其進步的情形。唯有當這些移民或外來的孩子將英語學好，才能奠定好學習的基礎。

讓孩子做好心理建設

在到美國之前，我會利用時間跟 Tim 和 Ian 做心理建設，希望他們能順利融入美國的生活，全家人能夠在美國順順利利過完一年。例如：我提醒 Tim 和 Ian，他們要在美國念小學四年級一整年，給予他們一些心理建設，不必太害怕，有問題時，爸媽都會處理。而剛到美國念小學，如果聽不太懂老師講什麼，就問同學，不然，就是先看別人怎麼

做，自己再做反應。

其次，我一直跟 Tim 和 Ian 強調在美國必須正經嚴謹一些，了解老美的文化與禁忌，哪些可以說，哪些則不能隨便開玩笑。在臺灣，常常是「青青菜菜」，出了事，經過一番「喬」的功夫，就是大事化小、小事化無；但在美國，可不是這樣，老美可是一板一眼，很守法的，一切照規矩來。後來，我們在美國期間，看到臺灣演藝人員夫妻的寶貝小孩在美國發生的事情，就是臺灣與美國國情與民族性截然不同的一個例證。這對臺灣演藝人員的小孩從小就很迷軍火槍枝，在學校竟「預告」同學 5 月的某一天，他會帶槍枝來學校掃射，要同學當天不要來學校。我想這件事情如果發生在臺灣，大家一定說這位孩子還小，給他機會，大家不要太嚴肅，最後，出言恐嚇的結果就是沒事（但事實上，這樣處理的後果卻是害了孩子！）但是，很不巧，這位臺灣演藝人員的小孩可能搞不清楚他身在美國，不知道臺灣與美國文化與國情的差異，也不知道美國近年來已經被層出不窮的校園槍擊事件搞得風聲鶴唳，他以爲開開玩笑不會有啥事。偏偏老美就是一板一眼，照規矩來，要將他進一步調查與法辦。還好，他的父母家底夠厚，經過好幾個月的「搶救安佐大兵」，報載父母又是飛美國，又是賣了兩棟房子，燒了 3,000 萬元臺幣，終於把寶貝兒子平安救回臺灣。

這件事情可以跟後來臺灣發生的另一件事做一明顯的對照。某位綜藝天王的兒子因爲女友生病一直沒康復，他的「奇檬子」很不好，就在網頁上留言嗆聲要去炸臺北市政府。結果，他的老爸很「用心」，做了一番貌似大義滅親的舉動，在電視前又是責罵兒子，又是要兒子退出演藝圈，而報載檢方表示「不排除」偵辦。結果最後這位綜藝天王的兒子安全過關，一點事情也沒有。

從這兩個公開威脅要槍擊校園或炸毀政府機關的類似例子，但結果卻截然不同！在美國發生的當事人差點要身陷囹圄，發生在臺灣的當事人卻沒事，可以發現，兩個國家人民的法治教育觀念落差有多大！在臺

灣，司法不僅讓人民沒信心，人民也常常不具法治觀念，總是希望大事化小、小事化無，如此的想法，國家任何制度與法令，常常形同具文，社會如何能運作順暢？國家如何能進步？反觀美國，人民不僅有法治觀念，發生事情公事公辦，不徇私，雖然會被批評為沒有人情味，但就是這樣的重視法律、強調人民的安全自由，且能夠在生活中落實，才是一個現代進步的國家應有的表現。我也藉這兩個事件機會教育，告訴 Tim 和 Ian，美國之所以能成為世界第一強國，很大的一個原因，就在於人民重視法治、實事求是、不徇私舞弊的觀念與態度，才能讓國家不斷的往前進步，這實在是值得我們深思！

選擇好的學區

為孩子選擇一個優質的學區，應該是每個家長共同的想法，大家大概也都為這個問題傷透腦筋。以下用較大的篇幅談一下我的經驗。

1. 古有孟母三遷，今有林爸擇房

待在美國一年期間，我住過兩個白人社區，旅遊跑過大約 7 個州，深深感受到美國各州、各地的發展落差相當的大。我沒有種族偏見，但以自身的觀察，大抵白人社區不僅房子豪華精美，家家戶戶都有前庭後院，且花草扶疏、安寧靜謐，但其他的國籍人民居住的地區就沒那麼好了。這之間的差異不僅在於房子的外觀或社區的整潔度，也在於居民表現出來的素質與教養。在我居住的社區，社區整潔乾淨，居民大都很和善，早上見面會打招呼：「Hi! Good morning!」開車的人也大都會禮讓行人，且甚少按喇叭；但到其他非白人為主的社區，不僅路面骯髒、牆上有很多塗鴉噴漆，且居民表現出來的行為就很不文明。有一次，我要到華美銀行，已經減速打方向燈要右轉，沒想到後面的車子很不耐煩，按了好幾聲喇叭。後來，這台車乾脆快速超越我，還回頭以不友善的眼神瞪了我一眼。我一看，是一位男性黑人。還有一次，我開車要到一個

城市請好朋友 Albert 吃飯，在等紅燈時，我是第一台車，就親眼看見一位黑人走斑馬線時，隨手率性的邊走邊丟兩個垃圾在地上，這樣離譜沒有公德心的行為，在白人社區是幾乎未見的！

其次，2017 年感恩節參加旅行社到舊金山旅行，看到很多著名景點如 Golden Gate Bridge、Fisherman's Wharf，但同時也看到在這個國際著名的大城市街道上，有很多無家可歸、全身髒兮兮的 homeless。同樣都是「美國人」，但生活環境與生活水準之間的落差真是天差地別，令人感嘆！

因此，建議要到美國的人，寧可多花一些錢，租房或買房在比較好的社區，不僅社區環境優美，治安也好，住起來比較放心，早晚到社區散步運動也安心。而且，在白人社區，可以學到道地且沒有口音的英語。

2.學校辦學資訊網站

在美國就讀公立小學是免費的，不像臺灣，還要繳一些費用如代辦費……等，一學期約 2,000-3,000 元。美國公立小學免費指的是免學雜費，但是營養午餐、文具用品、校外教學等，還是要付費。每個學區都有自己的若干所中小學，學校的資源來自於學區的房屋稅，因美國小學是學區制，大家都想搬進好學區，也造成房價與房租的飆漲。

要到美國念小學，家長會有困擾，苦於不知如何選擇學區或學校？其實，有好的管道可以尋找學校的資訊。我介紹一個網站──GreatSchools（如下頁圖）。

這個網站是非營利組織，旨在幫助所有父母為他們的孩子和社區提供良好的教育，以確保所有學生都接受優質教育。網站有全美小學的排名。

過去，大多數州的整體 GreatSchools 評分都是基於考試成績。在某些州，GreatSchools 評級還基於學生進步（或「成長」）和大學準備數

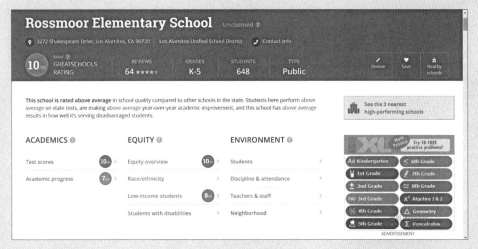

GreatSchools

https://www.greatschools.org/gk/summary-rating/

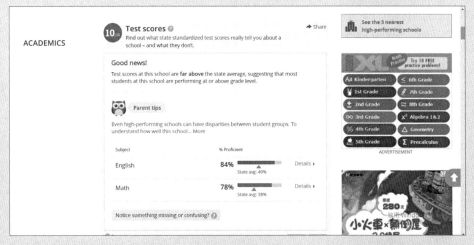

Test Score Rating

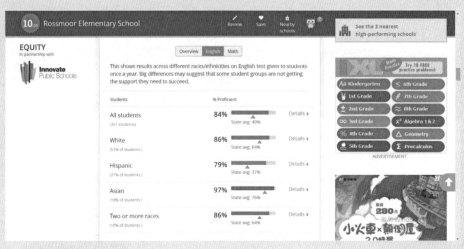

Equity Rating

據（SAT/ACT，參與和／或表現和／或畢業率）。評比標準現在除了
考試成績外，還包括重要訊息，例如：學校幫助學生提高學業水平的
程度為何？學校對不同社會經濟、種族和民族學生的支持程度？以及
某些學生群體是否受到學校常規和出席政策不相稱的影響？（how much
a school helps students improve academically, how well a school supports
students from different socioeconomic, racial, and ethnic groups, and
whether or not some groups of students are disproportionately affected by
the school's discipline and attendance policies）。其中許多重要主題現在
都有自己的評級，GreatSchools 評分為 1-10 分，其中，10 分最高，1 分
最低。較低的評分（1-3）表示學校「低於平均」（below average），
4-7 表示「平均」（average），8-10 表示「高於平均水平」（above
average）。

　　總結評等（Summary Rating）計算是根據學校的五個主題評級：考

試成績評分、學生或學業進步評等、大學準備度評等、均等評等和高階課程評等（The Summary Rating calculation is based on five of the school's themed ratings--the Test Score Rating, Student or Academic Progress Rating, College Readiness Rating, Equity Rating and Advanced Courses Rating）。以 Tim 和 Ian 原本要就讀的 Francis Hopkinson Elementary School，和後來因 Hopkinson 滿額，轉學就讀的 Rossmoor Elementary School 兩所為例，這兩所學校在總體評等上得到 10 分，可見在所有評等項目上，兩所小學的總體表現相當不錯，也提供家長很充分的參考訊息。

另外，在「環境」這個層面，如果點選「students」，會出現 Rossmoor 學生不同的種族身分比例，例如：白人、西班牙裔、亞洲人、黑人等等。家長可以從中過濾，從學生種族的背景，大致可判斷社區環境好不好。Rossmoor 這所小學學生前三大種族為白人 52%、西班牙裔 27%、亞洲人 10%。由此可知，該所學校以白人為主；其次，西班牙裔占了約三成，這可能是加州以前曾被西班牙占領過，加州也跟以前從西班牙獨立的墨西哥領土相連；另外，亞洲人占 10%，比例也不低。事實上，我們在美國一年，亞洲人隨處可見，有臺灣人、大陸人、日本人、南韓人、越南人、印度人等等，可說加州是一個小小聯合國。

值得一提的是，在老美眼中，常搞不清楚亞洲人國別。在他們眼中，亞洲人看起來都差不多，都是黃皮膚和黑頭髮；其次，我也發現，老美常分不清楚臺灣人或大陸人，他們認為都是同一國的人，不大清楚臺灣和大陸過去的歷史（畢竟這段歷史是很複雜的）。另外，我也遇到過老美搞不清楚臺灣或泰國，因為 Taiwan 和 Thailand 看起來很像，也都在亞洲。

再搜尋同樣位於 L.A. 的 Cerritos City，所屬的 Leal（Frank C.）Elementary School，發現亞洲人高達 68%，西班牙裔 17%，白人只有 6%。因為 Cerritos 原本就聚集許多臺灣人以及大陸人，所以亞洲人比

例相當高，走在路上放眼望去都是黑頭髮的人，感覺「很不美國」，住這樣的城市一點兒都沒有身處美國的感覺。不過，話說回來，有兩種人很適合住在這種華人比例很高的城市，一種是英語是「菜英文」的人，另一種是即使人在美國，但仍舊很想吃臺式或中式菜餚的人，都很適合住在這種華人很多的城市，一方面，隨處都可遇到講中文的人（偶爾還能聽到臺語），而且，在這種華人多的城市，會有華人超市（還有85度C），比較能買到家鄉的食物或珍珠奶茶，解解「鄉愁」。

在幫 Tim 和 Ian 選擇小學的時候，我思考一個問題蠻久的，到底是要選擇白人多的社區，或是華人多的社區（因為兩者在居住上各有優、缺點）？也思考住在白人區或華人區，何者對於小孩學英語較有利？後來，我的想法是，家長都很重視小孩英語的學習，但其實，住哪裡都差不多，因為就算在華人多的城市，學校還是全部用英語在教學。例如：在 Cerritos 隨處可見黑頭髮的小孩（亞洲人為主，特別是華人很多），但都講一口流利的標準英語。這些孩子的爸媽很多都是臺灣人或大陸人，但假日許多孩子還要上中文課，加強中文呢！硬要比較兩者的差異，我發現在華人較多的學校，校方會開跟中文相關的社團，例如：中文社團或書法社團，但白人多的小學就不一定了。

家長最關心的，還有學校教師的素質，包含：學歷、教學經驗，以及任教年資等。Rossmoor 小學的生師比為 25：1，高於加州的平均 22：1，但跟臺灣都會區小學差不多。其次，教師擁有 3 年以上教學經驗的比率為 93%，略高於加州平均 91%；全職教師擁有合格教師證的比例 100%，略高於加州平均 98%。比較「駭人聽聞」的是，該校教師平均年薪超過 8 萬美金（約臺幣 240 萬），高於加州平均約 7 萬美金。對照臺灣的小學教師，如果是大學畢業，初任教職，月薪近 4 萬元臺幣，月薪加上考績獎金與年終獎金共 14.5 個月，年薪近 60 萬元，約是 Rossmoor 小學教師的 25%。又以碩士畢業、年資約 20 年的臺灣小學教師為例計算，月薪約 7 萬元，年薪（14.5 個月）則約 100 至 103 萬元，

約爲 Rossmoor 小學教師的 42%。雖然臺灣與美國國民所得、物價或所得稅率皆不同，但從這幾個數字之比較，也可大略了解臺灣與美國小學教師的薪資水平。

至學區的 Hopkinson 小學報到

我住的地方學區是 Los Alamitos Unified School District。來到美國，聽到住家附近的人都稱讚這是一個很好的學區，學區內的 middle school 與小學辦學品質都很好。

2017 年 8 月剛到美國不到一個月，從朋友那裡聽說好學區的學校大家搶著讀，要我趕緊到學區以及學校報到註冊，以免人數滿了無法就讀，必須轉介到同一學區的其他學校，但不一定是最好的學校。於是，我們全家人找了一天到學區所在的 Hopkinson Elementary School，經過一番尋找到了 Office，staff 是 Mrs. G，跟她寒暄致意，閒聊一陣子後，拿到了一堆要填寫的註冊表單，也遇到了校長 Principal Garcia，跟她握手致意。回家之後，因爲美國的小學制度跟臺灣有許多不同處，我經過一番努力的理解，花了約兩個晚上時間填好這些表格，隔天就又到 Hopkinson 交給 Mrs. G，等待返校日以及開學日的到來。

報到後隔天就要轉學？

好事總是多磨！隔天 Principal Garcia 打手機給我，表示因爲 Hopkinson 名額只剩下一個，沒有 space 無法容納兩位學生，她問我要不要讓小孩轉到附近的小學，她認識這所小學的校長，可以幫我聯絡。因爲事發突然，太令我震驚，我跟校長說，因爲電話講不太清楚，我跟她約時間到學校找她。隔天我就帶家人先到 Hopkinson，因爲校長不在學校，我們先找職員 Mrs. G。她表示因爲只剩一個學生名額，且學區的規定也不能多收，對我們很抱歉！我向她表達，是否能確定另一所小

學 Rossmoor 有兩個名額可以讓 Tim 和 Ian 就讀？否則，我怕萬一轉出 Hopkinson，另外，卻無法轉入 Rossmoor。Mrs. G 向我表示，絕對不會出現這種兩頭落空的事情。有趣的是，她看我似乎有點沒信心，還是一副很擔心的表情時，她甚至連「I promise!」都說出口了。過程中，Mrs. G 還拿起電話，打給另一所小學 Rossmoor，跟辦公室確認有兩個名額可以讓 Tim 和 Ian 就讀。聽到她的說明以及協助聯絡，我總算放心了，心想同一個學區的 Rossmoor 小學，辦學應該也會跟 Hopkinson 一樣，都很不錯！同時，心裡也很感謝 Mrs. G 的熱情協助，看她在辦公室除了我們之外，還要接連跟許多家長談話與討論事情，但總是笑嘻嘻的，讓人心裡很溫暖！

轉學到 Rossmoor 小學

　　隔天，我們就到 Rossmoor 小學辦理註冊報到。接待我們的是 Mrs. D。她拿我們的房租契約以及護照影印，之後，拿了一堆要填寫的註冊表單要我回家填寫，但我有些無奈，才剛寫完一份，又要重寫一份。她還拿給我一張返校以及開學的通知單，上面提醒要買文具，附上一個可以買文具的網站，還強調在這個網站買文具，這個網站會捐贈（donate）給學校。天哪！這樣的方式真的令我感到很訝異，學校公然介紹廠商網站給家長買文具，這樣的方式在臺灣，應該早就被投訴有與廠商掛勾或有圖利廠商之嫌疑。我想或許是臺灣與美國的文化不同所導致，在臺灣，學校必須與廠商保持距離，至少在形式上或表面上必須如此；但在美國，沒有這樣的顧慮，真的是讓我開了眼界！

　　這張返校以及開學通知單上註明星期一至星期五每天的放學時間。星期一、二、四、五，下午 2：05 就放學了，比臺灣的小學大約下午 4 點放學，整整早了將近兩個小時；星期三是下午 1：05 放學，則跟臺灣的小學通常是下午 12：40 放學相差不多。另外，還有一個我原本

Rossmoor 小學校園一景：office

Rossmoor 小學校園一景：家長開車接
送（drop off and pick up）環形車道

一直不是很了解的名詞 Minimum Day，後來，我才了解這是當學校有
Parent-Teacher Conference 時，會提早讓學生放學，以便家長與導師進
行一對一面談，討論每個小孩的課業以及在校表現。

　　值得一提的是，原本有點擔心接種疫苗的證明，會不會漏打哪一
種？或漏打幾劑？畢竟到了美國，要補打很麻煩，一堆醫學的專有名詞
真的會考倒我。不過，後來繳交註冊文件時，學校只是收走接種疫苗證
明，並未詳細查看學生有哪些接種，感覺校方不是很 care。

接受英語測驗

學區報到後沒幾天，有一位職員打電話給我，要我們隔天帶小孩來考英語。但我可能有點緊張，電話中忘了跟她確認是在學區考試還是在小學考試。結果我們一早就準備出發到 Rossmoor 小學接受英語測驗。到了小學，跟 Mrs. G 談起 English Assessment 的事情，她做了一番說明，但她的表情怪怪的，結果，我突然意識到，我們可能跑錯地方了！不是在 Rossmoor 小學，應該是要到學區辦公室接受英語測驗才對！我跟 Mrs. G 說抱歉，她人很好，馬上幫我們打給學區辦公室，表示我們全家人跑錯地方，會馬上趕過去。

我們來到學區，找到辦公室，告知櫃台人員我們來的目的，結果她告訴我們註冊要在小學，但她告訴我們依照學區的規定，只要是外國來的孩子必須接受英語的測驗，作為未來教學的參考依據。隔了幾天，我們依照約定，來到學區辦公室報到。不久，就有一位女士，告知我們她來帶 Tim 和 Ian 上樓接受測驗，測驗包括聽、說、讀、寫，時間大約 1.5 小時，我和 Sylvia 就坐在一樓等待。等待的時間蠻長的，雖然 Tim 和 Ian 已經在臺灣學過 3 年的 ESL，但因為 ESL 沒有很強調英語的學習成效，再加上初來乍到，我有點擔心他們是否能在英語測驗上得到好成績，希望至少不要太漏氣，呵呵！

在等待的過程中，旁邊坐了一位媽媽，一聊之下，才發現她也是來自臺灣，不僅倍感親切，而且聊得很開心。

大約 10 月多，也就是開學一個多月，Rossmoor 發下 Tim 和 Ian 的英語測驗結果，Tim 屬於 Early Intermediate，Ian 則稍微弱一些，屬於 Beginning 的程度。這個成績，大致可以當作他們讀 ESL Program 這 3 年的成效，雖然不是特別的好，不過，我想未來經過一年的努力學習，他們的英語程度絕對可以突飛猛進！（後記：回臺灣後，Tim 和 Ian 分別在小五以及小六通過全民英檢中級初試，中級相當於高中畢業的英語

程度。至於複試，也已安排考試，希望他們能延續在美國打下的英語基礎，繼續努力！）

註冊所需繳交的文件

以下臚列美國小學註冊時，應當繳交的文件（Required for Registration）：

1. Proof of Birth Date：可用護照證明。

2. Proof of Residency：必須出具兩項居住在學區內的證明。可以被接受的證明，例如：繳稅收據、房租合約（上面要有房客與房東的姓名）、目前的汽車保險證明、目前的銀行開戶證明（帳號可移除）等等。

3. Physician Information：家庭醫師的姓名、電話與地址。

4. Physical Examination：由醫生出具的健康檢查報告，但距離開學日不可超過六個月。

5. Immunizations：接種疫苗的證明，例如：小兒麻痺、麻疹等疫苗。

6. Oral Health Assessment：由合格牙醫出具的口腔健康評估，必須在小孩入學前的 12 個月內評估才有效。

Rossmoor 小學 1997、2003、2014 年獲得 National Blue Ribbon Schools（同學區的中小學也都是獲獎常勝軍）

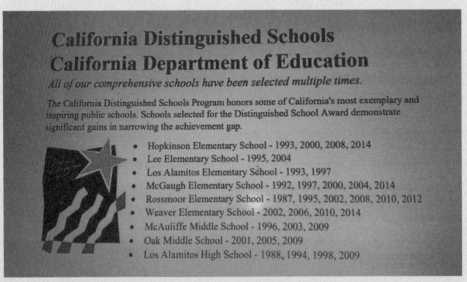

Rossmoor 小學 1987、1995、2002、2008、2010、2012 年獲得 California Distinguished Schools（同學區的中小學也都獲獎多次）

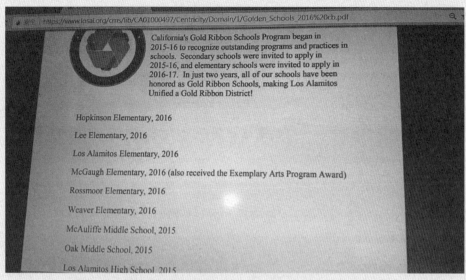

Rossmoor 小學 2016 年獲得 California's Gold Ribbon Schools

好朋友 Sammi 住家旁邊小學 Gonsalves Elementary School 校門口

Gonsalves Elementary 校門口景色，有可愛的文具造型電子看板

返校了
Back to School

令人既期待又好奇的返校日

　　8 月 29 日是 Back to School，類似臺灣小學的返校日，也是開學前一天。學校有發通知請家長跟小孩一起到學校參加，當天會公布編班名單，PTA（Parent Teacher Association）也會準備冰棒（popsicle）給學生享用。因爲是第一次到美國，一切狀況都搞不太清楚，因此，不免先用臺灣小學的返校日情形來想像美國小學的返校日，像是會有打掃校園、發放教科書、告知學生新的班級或教室這些事情嗎？也會有老師進行收心操或精神講話嗎？畢竟，放了一個漫長的暑假，學生學期所學的可能已經遺忘許多，心也不知道飛到哪去了？教師必須將學生的心給拉回來啊！

四年級編班名單

　　當然，來到美國，我必須「解構」腦海中臺灣小學返校日的情形，透過孩子就讀美國小學來重新「建構」美國小學的返校日活動。懷著有些忐忑不安的心，全家人一起開車到 Rossmoor 小學，此行主要目的之一當然是要看編班結果，同時，也要了解一下校園環境。來到校園外，

校園四面的圍牆旁早已停滿許多家長的車子。停好車後走進校園，因為
校園很大，也湧進許多家長，一開始看到了幾張貼在牆上的編班名單，
但找了一會兒，沒看到 Tim 和 Ian 的姓名，問了其他家長，才知道四年
級編班的名單公布在校園另外一頭，於是，我們趕過去，看到兩位老師
正拿著編班名單準備貼在牆壁上。這一頭牆面上的編班名單前也擠滿學
生與家長，大家都努力查看自己被編在哪一班？導師是誰？找了一陣
子，終於看到了 Tim 和 Ian 的名字。因為註冊時，在填註冊表單時，我
勾選了希望學校將他們編在同一班級（因為希望他們在異國超級無敵陌
生的班級環境裡能發揮兄弟愛，互相照應）。我看到了他們編在 room
15，導師是 Mrs. Belikoff。看到了導師的名字，心中有個底了，但此時
開始擔心許多問題，例如：擔心 Mrs. Belikoff 會不會是個認真教學的好
老師？不曉得她以前有沒有教過外國學生？她對於 Tim 和 Ian 兩個來自
東方國家臺灣的小學生，會如何對待？如果她看到我的資料，知道我們

學校公布四年級編班名單

只在美國待一年，一年之後就回臺灣，對待 Tim 和 Ian 的方式會不會改變呢？另外，因為 Tim 和 Ian 在臺灣的課業表現就有落差，英語程度也不同，Mrs. Belikoff 教起來，會不會覺得同樣是兄弟，還是雙胞胎，個性與性向怎麼會有這麼大的不同？這可能是我「搞操煩」的個性又開始發作，但也是因為對於教育與師資培育有長期的研究，比較了解，因此就會想很多的關係導致。不過，多想也沒用，畢竟，既來之，則安之，我想一切都會是最好的安排！

在看編班名單的時候，聽到每個學生都很開心討論自己被編在哪一班？跟哪些同學在同一班級？當看到跟自己的好朋友在同一班級時，忍不住尖叫歡呼，跟中了樂透沒有兩樣，孩子單純的想法與自然的反應，在美國跟臺灣是相同的，令人不禁莞爾。

返校日吃冰棒？

看完了編班之後，Tim 和 Ian 已經迫不及待想要到 PTA 那裡拿冰棒來吃了。他們兩位發揮覓食的功夫，也不曉得跑到哪兒找到 PTA 的攤位，每個人拿到一支冰棒便大快朵頤起來，看來美國的冰棒似乎很合這兩個臺灣小孩的口味。

非常 easy 的返校活動

之後，我們便到處逛逛，畢竟，第一次在美國的小學走走，一切都很新奇。我聽到學校放著音樂，也看到家長三三兩兩的在聊天，有些在樹蔭下，有些在走廊上，也有人在草地上，大家似乎因為很久沒見面了，一見面都有說不完的話。這樣的場景跟臺灣很不同，感覺臺灣的小學返校日比較正經八百，一板一眼；而美國小學相較很「另類」，比較輕鬆愉快，甚至有點像開 party。這沒有所謂的好或不好，只能說不同的文化，產生不同的教育樣貌：臺灣教育受傳統儒家思想影響，比較尊

學校 PTA 送給每位學生冰棒，Tim 和 Ian 大快朵頤

返校日校園一景，家長與學生隨意交談

師重道，另外，因為過往的教育比較制式與強調標準，強調要培養孩子的群性，所以，教育方式難免受到影響；而美國自立國以降，便強調自由民主的風氣，教育受此影響，甚少有制式的標準，也比較強調發展孩子的個性。

很「平凡普通」的小學校舍建築

我觀察到教室內外環境，教室外貼有殘障輪椅的標誌，這是臺灣的小學教室看不到的，由此可見美國人對於身體障礙學生的重視。其次，教室只有一樓，不像臺灣因為地狹人稠，教室必須向上發展，蓋到 3 樓，甚至 4 樓或 5 樓。但仔細一看，Rossmoor 小學的教室，真的一點也不美，斜屋頂、藍色底的教室，感覺比較單調，而且，教室一邊的牆面只有最上面有小氣窗，可想而知，採光與通風也不會太好。我很納悶美國的小學教室怎麼會設計成這個樣子？在臺灣，近 10 多年來，小學的建築越來越講究，不僅採光與通風要好，也要符應教學的需求，更要展現教育的風貌或呈現在地的特色。報章媒體曾報導臺灣有所謂的 10 大漂亮的特色建築小學，這其中我自己曾去過的小學，像是臺中市永春國小城堡式的建築，讓孩子看了會很期待上學；或是南投鹿谷鄉的內湖國小，結合當地森林地，不僅有小橋曲徑，更有豐富的自然生態，活像個有特色的民宿建築，國內外參訪團不斷。除了 Rossmoor，我也看過幾所美國小學建築，大致也是類似的建築。開個玩笑，完全不能跟臺灣的小學建築比，一比就遜掉了！不過，更深一層思考，我猜想是美國的傳統，也許受到實用主義的影響，只要有用的、有幫助的即是好的，因此，對於小學建築，老美沒有那麼強調實用價值之外的元素。

Tim 和 Iam 班級教室 Room 15 以及導師姓名 Belikoff

Rossmoor 校園一景
（2017 年 10 月拉斯維加斯發生美國史上傷亡最嚴重槍擊，學校降半旗致哀）

Rossmoor 小學簡單樸實的教室建築，但班班可都是裝有冷氣

Rossmoor 小學遊戲區旁的座椅

很不便民的小學廁所

在廁所方面，也是與臺灣大大不同。廁所分兩種，一種是給 boys 與 girls 的，而且門是關著，必須打開才能進入廁所；旁邊則是另一種廁所，是給 staff 用的，而且必須有鑰匙打開才能進去。前面這種讓我想到，這樣會不會造成校園安全的死角？學生上廁所如果遇到躲藏在裡面的壞人，呼救時外面的人很難聽得到聲音；而教職員使用的廁所，平時是鎖著的，教職員必須用鑰匙才能打開，這種情況就必須祈禱不要遇到肚子突然異常疼痛的情況，否則已經快來不急了，還要找鑰匙，然後打開門，真的是分秒必爭；另外，這種設計也讓家長無法直接使用教職員廁所，除非到辦公室借鑰匙。說到這，臺灣的小學如果像美國小學廁所是鎖著的，導致來運動的民眾或接送小孩的家長無法使用，或者還要到辦公室借鑰匙才能使用，學校一定會被罵到臭頭，校長 1999 的電話一定接不完。但在美國就不同，美國不像臺灣，臺灣因為地小人稠，小學放學後或假日必須開放給民眾使用（我看到的幾所美國小學，假日都是關閉著），美國因為土地廣袤，到處都有非常非常大的公園（面積真的是超大！）是家長或民眾運動休閒的好去處，根本不須用到中小學，所以，民眾自然沒有使用廁所的需要。

盪鞦韆與爬網子

在逛校園時，也看到隔壁班導師溫馨的留言，留言大意是說導師希望孩子們和她一樣很興奮，能夠在同一個班級裡，祝大家有個很棒的夜晚，希望明天能夠一早就能見到各位。繞完校園後，Tim 和 Ian 早已迫不及待地去盪鞦韆和爬網子。盪鞦韆在臺灣的小學都有，但爬網子則是在臺灣小學很少見的。看著 Tim 和 Ian 爬上爬下的，因為是第一次爬，再加上會搖晃，必須小心翼翼適應，我心中不免有點擔心他們的安全，但一方面底下有軟墊保護著，另一方面，看他們很努力爬上爬下，除了

可以訓練膽量、接受挑戰之外，也可以訓練身體四肢的靈敏度，看到他們爬得不亦樂乎，這也可算是今天返校的另一項收穫了！

Rossmoor 小學鞦韆，Tim 和 Ian 玩得不亦樂乎

Rossmoor 小學遊戲器材區，Tim 和 Ian 最愛的爬網子

學期第一天
The First Day of School

開學前的準備與心理調適

隨著 8 月 30 日開學日的逼近，我與 Sylvia 開始跟 Tim 和 Ian 一起做一些準備。除了到 Staples 採買學校所列出來的各種文具用品之外，也思考很多細節，例如：當天到學校車要停哪？Tim 和 Ian 要穿什麼樣的服裝？導師會如何安排座椅？當天午餐要準備什麼？放學後要如何接送？等等，這林林總總的思考，彷彿又回到他們小一要入學的時候。

當然，我也跟 Tim 和 Ian 做了一些心理建設，像是上課要特別專心，畢竟這裡是美國，學校是完全使用英語的環境，必須特別專注才能聽得懂老師在說什麼。剛開始如果聽不太懂，就看看同學怎麼做，或是可以問同學。我也特別跟他們交代，我們來一趟美國不容易，最低目標是平平安安地度過在這裡的一年，千萬不要惹是生非，跟同學有任何糾紛。在臺灣，如果有一些問題，家長之間，或是家長與老師之間大都算熟，語言上也比較能溝通。在美國如果有什麼狀況，還真的是會傷透腦筋。

其次，美國人畢竟是很注重自己的權利與隱私的，跟臺灣人的習性有很多不同之處，必須先了解兩地文化與人民個性的差異。特別是雖然

都是小學，但美國的小學應該會有許多跟臺灣小學不同的地方，必須了解有哪些不同處，並盡快適應。

開學第一天，拍照留念！

儘管做足了功課，但開學當天，我還是懷著忐忑不安的心情（但表情要很鎮定！）開車載著全家人出發到 Rossmoor Elementary School。下了車，沿著校園鐵絲網圍牆走的時候，我突然想到，這是歷史性的一刻！Tim 和 Ian 在美國小學上學的第一天，必須拍個照片留念，因此，我拿起手機幫 Silvia、Tim 和 Ian 在校園圍牆前照了張相片。

開學第一天，勇敢上學去！

我與 Tim 在 Rossmoor 小學辦公室前合照

天下父母心！

教室外擠滿探頭探腦、含情脈脈看著教室裡小孩的家長

　　走到了教室外面，發現教室外面前後早已經擠滿了家長，而且大部分都是媽媽，大家都是一樣的動作，「深情款款」地看著教室內自己的孩子。我和 Sylvia 讓 Tim 和 Ian 走入教室，因為沒有排座位，他們就找了一組最靠近門的座位坐下。看著 Tim 和 Ian 略為嚴肅的表情，我想他們應該是有點緊張、有點不安，畢竟這裡是美國，這裡是 Rossmoor 小學，除了爸媽，其他人他們完全不認識，他們的緊張與不安是可以理解的，他們要在這裡努力的適應美國小學的課業與作息，而且是全英語的學習。想到這裡，突然覺得自己很殘忍，因為我來 UCLA 訪學，全家人跟我一起到美國，但 Tim 和 Ian 他們才剛升上四年級，就要被丟到一個完全陌生的國度、完全陌生的小學進行學習，他們既不認識導

2017 年 8 月 30 日第一天上學，Tim 和 Ian 剛進入教室，表情略顯嚴肅，真是難為他們了！

師，也不認識任何一位同學，還要經過一番適應，經歷所謂的文化衝擊（Cultural Shock），之後才能漸入佳境。不過，我只能調適心態，既來之，則安之，想想別的小孩可以，Tim 和 Ian 應該也可以，更何況，他們在臺灣學了 3 年的 ESL Program，至少有一些英語聽、說、讀、寫的基礎。我也曾聽別人說過，小朋友的適應能力很強，很快就能適應新環境，特別是個性比較活潑外向的孩子，不僅適應得快，英語也學得快。Tim 和 Ian 是比較活潑的孩子（應該說是非常非常活潑！）適應上以及學習上應該可以比較快一些。

長腿導師出現了！

我在教室外東張西望的看著 Tim 和 Ian 沒多久，人高馬大的導師 Mrs. Belikoff 走到教室外來（My Gosh！她比我還高呀！）她用一種略為嚴肅的表情，告訴所有家長，因為她要上課了，請大家可以離開了，以免影響教學，如果有問題，可以用 email 跟她聯絡。聽到她這樣直白的話（或許這就是美國人說話的習慣，直接了當，不像臺灣人說話喜歡拐彎抹角、話中有話），我有點錯愕！因為我一直想找機會跟她打聲招呼，至少用英語說一下：「我們來自臺灣，請老師多多照顧！」這些標準台詞。但既然導師說話了，我和孩子的媽只好跟 Tim 和 Ian 揮揮手道別，希望他們能有充實難忘的一天，也希望他們能盡快適應學校的生活。

放學後，我跟 Sylvia 迫不及待去接 Tim 和 Ian，當然，一直問他們今天在學校的情形。今天因為是開學日，導師 Mrs. B 幫每位學生拍了個人照，並讓學生帶回家。我看到上面寫著：I am a Rossmoor Knight，底下註記：First Day of School 2017-2018。我想學校應該是希望開學第一天就讓同學認識學校的「吉祥物」Knight，同時，也讓每位學生都能將照片留作紀念，這樣的做法很特別，在臺灣的小學比較少看到這樣的做法。

啥！聯絡簿不用簽名？

回到租屋處，我請 Tim 和 Ian 拿出聯絡簿來，「很臺灣家長式的」準備要簽名，結果發現並沒有欄位可以簽名。但可能因為簽名簽成慣性，沒有簽名很不習慣，於是乎我還是自己找了空白處簽了名。事實上，經過幾天之後，我才發現，美國小學的聯絡簿只是讓學生記載家庭作業，但家長不需要簽名，而且也不像臺灣的小學，導師每天一早就會收聯絡簿，檢查家長是否有簽名，這裡的導師是不收聯絡簿的。

33

Ian 開學第一天帶回的照片

　　其次，因為是第一天開學，我同樣「很臺灣家長式的」想要看一下課表，但找了半天，也問了 Tim 和 Ian，才知道根本沒有課表。事實上，念了一年，導師壓根兒也沒發課表，也沒讓學生抄在聯絡簿上。到了下學期，有一天傍晚學校舉辦 open house 時，我才發現，原來在教室前面才有張貼 schedule。

　　從這些「異於」臺灣小學的做法，可以發現同樣是小學教育，但做法大不同。以聯絡簿而言，臺灣的小學導師每天都會收回並檢視學生是否讓家長簽名，家長若沒簽名，導師還會在聯絡簿上打個問號或圈起來，但在美國則不然。我猜想是因為美國小學教師認為協助孩子完成家庭作業原本就是家長應盡的義務，不需要特別檢查；另外，這可能呈現出美國的文化強調人與人之間的「信任」與「誠實」，因為「信任」，就不需要特別去檢查。每天都要檢查，反而代表不信任家長，不是嗎？

Bring Your Own Device Chromebook program

開學第一天，學校有發通知，特別的是，學校提到有一個 BYOD（Bring Your Own Device）Chromebook program 的計畫，與臺灣所談的資訊融入教學很類似。學校表示很高興能持續這個計畫，這個計畫必須依賴親師的合作夥伴關係，學期中教師每天教學或學生的家庭作業都會與 BYOD 計畫有關。為進行此項計畫，學校請家長幫孩子準備一台 Chromebook，如果學生沒有自己的，也可以使用學校的，教室裡都有準備一些供孩子使用。

雖然臺灣的小學從 90 學年度九年一貫課程正式實施以來，強調資訊融入教學已經 10 多年了，但這還是我第一次聽到 Google Chrome NB，我特地上網查了一下何謂 Google Chrome NB？並到 Amazon.com 網站上，在一堆產品中找了一些 Chrome NB 來比較規格（學校有提供一些規格建議）。為求慎重，還跟中教大具有資訊專長的專任助理安潔請教，請她提供一些建議。最後，在 Amazon.com 網站下訂單買了兩台，每台約 200 美金，Tim 和 Ian 各一台。我想俗話說：「工欲善其事，必先利其器。」雖然我們已經從臺灣帶來一台筆電、兩台平板，但為了讓 Tim 和 Ian 在美國能有一年充實的學習，買兩台 Chrome NB 有其必要性，我也可以藉此機會，實際觀察 Rossmoor 小學如何進行資訊融入教學。

效率高的嚇人的 Amazon 宅配！

有趣的是，我晚上 10 點多才在 Amazon.com 網站下訂單，沒想到隔天中午回到住處，就已經看到兩台 Chrome NB 已經由宅配送到，我很佩服 Amazon 超高的效率，在這短短的大約 12 個小時，必須完成接訂單、撿貨、包裝、物流配送等所有流程，速度與效率實在令人讚嘆！

　　還有一點很新奇的是，在臺灣宅配都必須有人簽收，但在這次訂 Chrome NB 的過程中，我才發現美國 Amazon 貨品是由司機送到配送地址之後，貨物放在門口司機就離開了，根本沒有所謂的簽收過程。這或許是不同國家不同的做法。但我想也可能是美國地大，住宅區每戶人家都住得比較遠，不容易接觸到別人家，宅配貨品遺失的機率較小，否則，如果像臺灣這樣地狹人稠，除了偏鄉地區，家家戶戶都住得很近，東西很容易「被撿走」，這種做法就不合適了。

4

走路上學
Walk to School

Rossmoor 小學提倡學生走路或騎腳踏車上學，每個星期三是 Walk to School Day，校長會提前 email 給家長，歡迎大家踴躍參與走路上學的活動。有意參加者，請於早上 7 點 20 分左右，在學校附近的一個公園門口集合，大家再一起走路到 Rossmoor 小學。

一起走路上學去！

事實上，自從 2017 年聖誕節前夕我們搬到 Rossmoor Townhouse 社區之後，因為距離 Rossmoor 小學很近，我實測過走路只要 10 分鐘，走過幾個 blocks 即可到校，因此，每天用完早餐，我就帶著 Tim 和 Ian 一起走路上學。剛開始，只有我們自己走，幾天之後，才發現有三位同學住在同一社區，分別是 Jonas、McKinley、James。之後，這幾位小朋友和他們的爸媽就約好每天早上 7：20 至 7：25 在社區大門前集合，一起結伴同行走路上學。不過，並非每次 Jonas、McKinley、James 三個孩子的爸媽都會出現，而且他們通常都只走大約 50 公尺，也就是過了第一個街口——Bradbury Road 這個大馬路，就直接跟孩子道別回家去了。剛開始我有點訝異，覺得這些家長怎麼會如此放心讓孩子自己走路

上學？難道不擔心交通和安全的問題嗎？後來，我想可能是因為這個社區的治安很好，而且老美開車都很遵守交通法規，特別是大家都會禮讓行人，再加上美國路大，幾乎都有人行道（甚至還有腳踏車道——Bike Lane），因此，家長都會讓孩子自己走路上學。事實上，這些孩子都是五年級了，是應該學習獨立的時候了！

Ava and Preston join us!

走了幾天之後，有一天，發現同班同學 Ava 由媽媽開車載著要上學，她媽媽發現我們之後，就讓 Ava 下車加入我們走路上學的行列。之後，她每天載 Ava 到 Rossmoor Townhouse 社區門口與我們集合，一起走路上學。有趣的是，後來我們的陣營更加龐大，因為有一次走到一半，遇到好朋友——來自南韓的媽媽 Elisha 開車載著小兒子 Preston，她看我領著一群小朋友走在路上，於是，放 Preston 下車加入我們 Walk to School 的行列。於是乎，我們走路上學的陣容更加龐大，除了我，共有 7 位小蘿蔔頭。

在走路上學途中，有很多有趣或是開心的事情發生。例如：大家邊走路邊上學就是我最好練習英語聽力的時刻，從小朋友嘰哩呱啦的談話中，可以了解每位小朋友的談話重點或是最近發生的事情。另外，每天走路上學，每位小朋友最開心的是搶著要踩每戶人家前庭草地上的灑水器，這些灑水器是伸縮的，一到了要灑水的時候會往上升起，但灑水完後並不會回復原位，於是，踩灑水器就變成每位小朋友搶著做的事情。

巧遇導師 Mrs. B！

2018 年 1 月放完 Winter Break 後第一天上學，我跟小孩才剛走出房子，一個熟悉的身影出現，原來是導師 Mrs. B！我跟 Tim 和 Ian 都跟她道早安——Good morning！Mrs. B 也很親切跟我們說 Good morning！

之後問了才知道 Mrs. B 先將車子停在我們住家附近，才跟兩個小孩走路上學，看來導師也希望能在這個環境清幽靜謐的社區好好地散步到學校。事實上，每天走路上學途中也會遇到一些家長陪伴小孩走路上學，每個人走路或騎腳踏車上學的情形都不同：有的是夫妻一起帶小孩，有的則是二、三個媽媽帶著一群小孩走路，我也看過小學生悠閒的滑著滑板上學，這是在臺灣很少見的。另外，我還常常看到一位東方臉孔的媽媽，帶領著一群孩子，每天從較遠的地方騎腳踏車上學。

多可愛的 Golden Retriever ！

每天陪孩子走路上學，也可看到許多溫馨或有趣的事情。5 月 8 日早上，我帶孩子們才離開社區大門準備到學校，看見一位「阿北」，這位遛狗的老伯伯牽著兩隻狗，看體型、外觀與毛色應該是 Golden Retriever。有趣的是，所有孩子一看到這兩隻有著金黃色混雜一些白色長毛的黃金獵犬，都忍不住發出驚呼聲。可能覺得這兩隻黃金獵犬實在太可愛了，小朋友們忍不住伸出手來撫摸這兩隻黃金獵犬的毛；剛開始小朋友還有點怕怕的，怕會被咬，不過，當他們發現這兩隻黃金獵犬是很溫馴、很友善的，大家也就不怕了。

每天走路快到學校時，在學校圍牆外的大馬路都會看到一位黑人志工，胖胖的體型拿著一個「STOP」sign，護送著每位小朋友過大馬路。我跟小朋友們都跟這位志工道早安。

走路上學巧遇阿北遛狗,小朋友們都非常喜愛這兩隻黃金獵犬

學校志工手舉紅底白字的 STOP 標誌,護送孩子過馬路

超級遵守交通規則的老美！

另外，有一次下午走路要到學校接 Tim 和 Ian 放學，我親眼看到 School Bus 正準備路邊停車放學生下車，校車後面的「STOP」sign 放下並閃爍著紅燈，只見校車後面所有的車輛馬上停下來，全部靜止不動，安靜等待學生下來後才繼續往前開。在等待的期間沒有人不耐煩，也沒有人按喇叭。雖然來美國已經深刻了解到老美是很遵守交通法規的（再次感嘆！這點非常值得臺灣的駕駛人仿效學習！），但我還是特地將這過程用手機錄下來，畢竟，這場景令人印象深刻！

走路上學途中，我幫孩子們拍照留念

2018 年 1 月中，走路上學途中拍照，這天霧氣茫茫，很特別的感受

努力騎腳踏車上學的黑人小男孩

　　送小朋友們到校後，我走路回住處。很特別的是，回家路上常看到一位皮膚黝黑的黑人小男孩，努力地踩著腳踏車，不知從何處騎過來，一路騎到學校上學。我看他來的方向，住的地方應該比較遠一些。因為這個社區幾乎都是白人為主，很少有黑人居住。我在想，或許是他的爸媽很重視孩子的教育，為了讓孩子讀一所好的小學，把戶籍遷到這邊來，即便是這邊的房價與房租真的是高不可攀！為了孩子的教育，家長「用腳投票」，選擇好的學區與學校，看來是不分種族或國籍的！

● 令我心曠神怡的 Rossmoor 社區！

花草扶疏、綠意盎然！好美！

每天陪孩子走路上學之後，也是我最開心的時候。因為我很喜歡 Rossmoor 社區，不僅空氣清新，而且老美的家真的是布置得美輪美奐！不僅有前庭、後院，而且花草扶疏，綠意盎然。每天走過這些房子，真的是心曠神怡，令人讚嘆，好棒的環境喔！我每天沿路拍照，拍了好幾百張照片。我每天還特地走不同的路，有時還刻意繞遠路，看看還有沒有我尚未發現的祕境與布置，如果有當然是拿起手機拍個不停，回到住處後迫不及待跟 Sylvia 分享照片。沒想到走路上學，除了運動，還可以享受到清幽靜謐的社區環境美景。

帶孩子走路上學，我沿途拍攝的社區美景，賞心悅目，美不勝收

帶孩子走路上學，我沿途拍攝的社區美景，賞心悅目，美不勝收

5

學校願景
School Vision: P.R.I.D.E

臺灣小學重視學校願景的訂定與落實

從 90 學年度正式實施九年一貫課程開始，臺灣的國中、小開始強調學校願景的重要性。學校願景的重要性在於指出學校未來的發展方向與重點，藉由學校成員討論形成共識並宣導周知，並透過學校本位課程以及教師的教學加以推動落實。

我曾看過學者蔡清田與王全興發表過的一篇論文，針對臺南市國民小學學校願景進行分析，發現願景核心概念次數統計高低依次為：

1. 創新　2. 健康　3. 快樂　4. 全人化
5. 國際觀　5. 民主
6. 感恩　6. 本土（鄉土）（名次相同代表次數相同）

從這項臺南市國中小學校願景的分析，可以發現在這 42 所國小的學校願景當中，最常被提及的是「創新」，共 16 次；其次，是健康；第三名則是快樂。從這項針對臺南市國小的研究，大致上可以窺見目前國中、小學校願景強調的重點。

不過，在實際推動上有些較常見的問題，例如：學校願景僅是校長一人擬定，並非學校成員共同思考訂定；願景過於空泛或範圍太大；願

景研訂完即束之高閣,並未加以推動落實;學校願景並未定期檢視或加以修正。這些問題中,我想最大的應該是學校有訂願景,但從未加以推動,訂完即束之高閣,或推動上不夠確實,未有目標意識,未定時加以檢視修正。

Rossmoor 小學願景 P.R.I.D.E

Rossmoor 小學的「吉祥物」是武士(Knight),願景則是 P.R.I.D.E,這五個字母分別是五個英文字:Positive、Responsible、Integrity、Display Kindness,以及 Earn & Give Respect。為落實這五項願景,四年級教師訂有對於四年級學生的班級行為期待(Classroom Behavior Expectations),著重於從五個層面加以落實:

1. 進出教室(Enter/Exit Classroom)。
2. 直接教學(Direct Instruction)。
3. 合作學習(Cooperative Learning)。
4. 獨立工作(Independent Work)。
5. 科技使用(Technology Use)。

這五項願景搭配上五個層面,就產生 25 種教室的行為期待。以 Positive 這項願景而言,落實在五個層面的期待行為分別是:

1. 在進出教室(Enter/Exit Classroom)層面:跟別人打招呼(Greet others),走路輕盈(Walk calmly),微笑(Smile)。
2. 在直接教學(Direct Instruction)層面:在適當的時候舉手(Raise your hand at appropriate times),等待教師請您發言(Wait to be called on)。
3. 在合作學習(Cooperative Learning)層面:有禮貌地表達同意/不同意(Agree/disagree politely),鼓勵別人分享(Encourage others to share)。
4. 在獨立工作(Independent Work)層面:將自己的工作做到最好

四年級學生的教室行為期待表

（Do your personal best），相信自己（Believe in yourself）。

5. 在科技使用（Technology Use）層面：停留於被允許的網址（Stay on approved sites），使水與食物遠離設備（Keep water and food away from devices）。

Rossmoor 學校願景特點

從 Rossmoor 學校願景以及四年級學生的教室行為期望，可以發現有以下五項特點：

1. 四年級具有達成學校願景之教室行為期待

四年級教師共同討論出該年級學生要達到的行為期望，而非僅是單一位導師自己訂定，由此可看出該年級教師有互動，且凝聚力量，共同協助學生達成。

2.學校願景強調學生品格的養成

Rossmoor 小學的五項願景 Positive、Responsible、Integrity、Display Kindness，以及 Earn & Give Respect，都是以品格爲主，可說是以品德爲主的願景。臺灣的小學也很重視品格，但有許多小學的願景另外還強調感恩、國際化、本土化等，這些則是不同點。

3.學校落實願景強調在「科技的使用」以及「合作學習」

Rossmoor 小學的五項願景聚焦在品格，但在實施上，則不局限於學生的品格，而是分布在班級常規、教師教學與學生學習、科技使用，以及合作學習上。其中，最特別的是強調在「科技的使用」以及「合作學習」上。

例如：Positive 的願景，在「科技的使用」上強調使用被允許的網址（Stay on approved sites），使水與食物遠離設備（Keep water and food away from devices）；Integrity（誠實、正直）的願景，在「科技的使用」上希望學生能保持電腦設備在原先的設定值（keep device on default settings）。

又例如：Positive 的願景，在「合作學習」上，希望學生能有禮貌地表達同意 / 不同意（Agree/disagree politely），鼓勵別人分享（Encourage others to share）。

Earn & Give Respect 的願景，在「合作學習」上，希望學生能分擔責任（Share responsibilities），成爲積極的傾聽者（Be an active listener）。

Rossmoor 小學的學校願景，除了特別強調要落實在班級常規，以及教師教學與學生學習上，比較特別的是，還強調在合作學習上。Tim 和 Ian 在 Rossmoor 小學一年，導師教學常常運用分組合作學習，希望能將學校願景落實在分組合作學習上，故訂定相關的行爲期待。

很特別的是，因爲學校在推動 BYOD 計畫，所以學校願景跟這項

計畫結合，訂了好幾項有關使用電腦網路設備相關的規範，希望學生表現出這樣的行為，例如：只使用被允許的網址、水與食物要遠離電腦設備、在網路上留言評論必須保持尊重的態度，以及電腦必須保持在設定值。我想應該是四年級教師有感於現在的學童是網路世代的學童，從小就跟網路或電腦等 3C 產品為伍，為避免他們破壞了學校的電腦網路設備，或是瀏覽具有暴力或色情內容的網站，身心遭受不良的影響；以及培養學生在網路上必須有的禮貌規範。

這一項學校品格的願景落實在科技使用方面相當重要，有時看新聞報導，有些青少年或少年就是因為看了暴力或色情的網站內容而犯罪，或者在網路上恣意的留言謾罵，造成人身攻擊或誹謗他人名譽。這些人當中，有些甚至是大學生，已經是成年人了，但對於電腦網路的使用規範或網路倫理似乎沒有任何概念，可以想見的是也許是從小就缺乏相關的教育。為避免此種不好的現象，從小學就教導學生良好的電腦網路使用習慣與倫理，讓學生善用電腦網路的優點，避免誤用或亂用，真的是有其重要性與必要性！

4.學校願景能真正落實在教師教學與班級經營

學校願景必須加以制度化（institutionalized），形成學校每天的活動，落實在教師的教學與學生的學習上。Rossmoor 小學在這方面做得非常好，教師除了訂出希望學生表現出的行為期待之外，還落實在學校教育的諸多層面。例如：學校貼有一張 Hallway Expectations，上面寫有學校願景 P.R.I.D.E. 要落實在走廊的期待內容，例如：避免產生聲響（Voices off），永遠只在走廊走路（意指不奔跑）（Walk at all times），集合時要排隊（Stay together in line），遵循規範（Follow Directions）。像這些在走廊不製造聲響、在走廊不奔跑或是要排隊的規範，很多小學都有訂定類似的常規，但學校大都是個別訂定，導致常規東一條、西一條的，不具系統，且容易在某些層面產生疏漏，甚少看

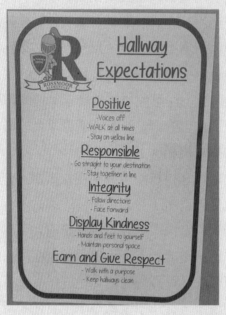

Hallway Expectations

到能像 Rossmoor 小學一樣，學校願景能與學生行為常規充分結合，形成一個架構且有系統性的規劃，Rossmoor 小學的做法很值得其他小學參考。

其次，教師在教學時也讓學生省思自己如何在學校實踐這五項學校願景，例如：教師讓學生寫小卡，上面有一句話 I can light up the world with kindness by _____，每位學生將自己的做法寫出來。還有，教師讓學生針對學校的五項願景，寫出自己的做法，像是 I will be responsible by _____，或是 I will show integrity by _____。諸如此類的做法，可以看得出 Rossmoor 小學的學校願景不是訂好看的，而是真正落實在日常的學校生活中；其次，學校願景也不是校長一個人訂的，而是透過教師的集思廣益、針對不同年級訂定各種行為期待規範；同時，願景的實踐也不是只有學校師長的事，而是希望學生能夠省思自己日常的生活表現是否真正達到學校的願景 P.R.I.D.E.。

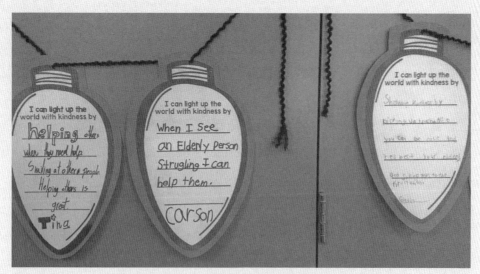

學生透過寫小卡自我省思落實學校願景之一 Kindness 的做法

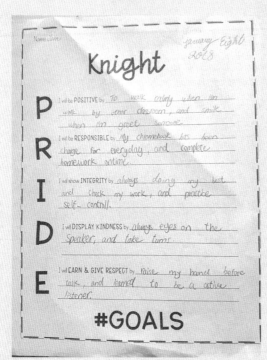

Tim 寫出自我實踐學校願景 P.R.I.D.E. 的做法

　　除了前述教師的教學以及學生的省思之外，學校層級的活動也聚焦在學校願景的達成。例如：2017 年剛開學後不久，學校在 10 月 6 日至 29 日舉行一個紅絲帶週（Red Ribbon Week）的活動，透過一系列的活動向學生宣導反毒、避免藥物濫用，希望學生能培養誠實、正直與負責的態度。

　　其次，學校為使學生重視自己的學習，養成尊重的態度，每個月統計當月份全勤的學生，發給一張「Perfect Attendance」獎狀給予鼓勵。因為每個月都會統計，只要當月全勤，就可以獲得一張，Tim 和 Ian 在美國一年，都拿到好幾張全勤的獎狀。

紅絲帶週：宣導反毒以及避免藥物濫用

配合紅絲帶週，校方在圍牆旁的樹幹上綁上紅絲帶

Ian 獲得全勤獎狀（2017 年 11 月）

學校重視學生的出席率，但如果學生
請假缺席，會發給一個 Absent Folder，
裡面會有功課以及該完成的作業

事實上，學校爲何要這麼「搞剛」（費工），每個月都要統計出缺席，每個月都要給獎狀？除了希望落實學校願景，學生養成正面看待學習，尊重學習以及對自己的學習負責之外，就我的觀察，學校很重視學生出席率的原因，還有一點是因爲學生出席率與政府給予的經費息息相關。剛開學時學校發下的通知就特別強調希望學生能提高出席率，上一個學年，Rossmoor 所屬的 Los Alamitos 學區就因爲學生出席率的關係，經費被減了 200 萬美金！這樣的結果對於學校而言應該是很受傷，白花花的美金銀子被砍了，對於學區或學校不僅失了面子，也失了裡子。

5.學校在升旗時表揚能夠實踐學校願景的學生

Rossmoor 小學落實學校願景的做法還不只上述這些，學校還會請各班導師推薦五名在落實學校願景，能夠表現出良好行爲規範的學生。在 2017 年 12 月份表揚前幾天，Tim 告訴我跟 Sylvia，導師有推薦他，而且升旗時校長會表揚。我跟 Sylvia 聽了很高興，雖然對於這種爲了達到學校願景而頒獎的場合很陌生（在臺灣，學校升旗的頒獎主要還是頒給成績優秀，或是參加校內、校外比賽得獎的同學），但 12 月 11 日升旗日，我們還是抱著開心的心情參加。升旗時，校長先說明這項活動的目的，之後就請每班導師上台，一邊唱名該班哪五位學生獲獎，一邊也劈里啪啦的說明這些學生在實踐學校願景 P.R.I.D.E. 有哪些優異的表現。輪到 Room 15 導師 Mrs. B 時，Tim 是第四位被導師介紹的，導師提到 Tim 平日跟同學相處融洽，對自己的學習很負責，上課很專注（focus），認眞作筆記，且在閱讀與數學的學習進度上都能超前。

我與 Sylvia 聽了導師的介紹，不僅感到高興，心中也有點小激動！畢竟，這裡不是臺灣，在臺灣的小學得到獎狀，上台接受表揚不是很稀奇的事情。我們是在美國，對老美而言我們是外國人，在學習上要跟老美小朋友競爭並不容易；而且到美國才三個多月，可以說才剛度過適應期，但 Tim 不僅努力學習，而且表現都能達到教師的要求，獲得導師

的肯定，才能在全班 34 位同學中脫穎而出，得到這樣的表揚！身為家長，與有榮焉！開個玩笑，Tim 有這樣的表現，讓我覺得這趟美國之行沒有白來，錢也沒有白花，呵呵！

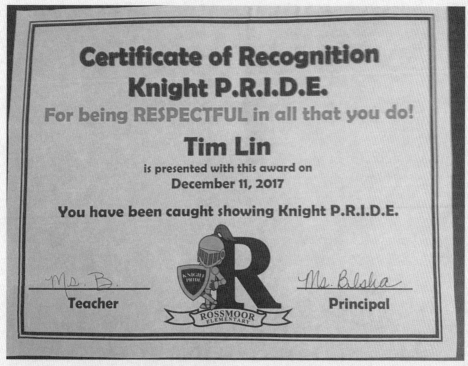

Tim 獲得 Knight P.R.I.D.E 證書（2017 年 12 月）

6

課後學習方案
After School Program

臺灣的小學課後照顧班辦理現況

臺灣從大約 10 多年前，各國小都開始辦理課後照顧班。臺灣的國小大約都是下午 4 點左右放學，但因爲臺灣的工時之長是全世界有名的，學生雖然放學，但家長通常還沒下班，因此，課後照顧的需求就產生了，國小課後照顧班主要目的即在協助家長解決托育小孩的困擾（開個玩笑，課照班就是公立的安親班！）課照班比較特別的規範是，課照教師以指導學生寫功課爲主，但不能教新的進度；在費用方面，可說相當便宜，每小時大約臺幣 20-30 元，如果是家庭弱勢的孩子，經由導師推薦還可減免費用，由教育局（處）的經費加以補助。

我從大約 2011 年開始，在中教大的進修推廣部，就一直都有擔任臺中市政府教育局委託本校辦理的課後照顧服務人員 180 小時研習授課教師，負責「初等教育」這門課的授課。這門課除了授課之外，每一期都有三個小時的國小課照班參訪，因此，這幾年帶領學員陸續參訪臺中市幾所國小辦理的課照班，例如：大勇國小、大鵬國小、中教大實小、太平國小（北區），以及篤行國小等等。參訪這些國小課照班時，發現各校各有特色。以時間來看，有些學校課照時間是到下午 5 點，大部分

學校則是到 5 點半或 6 點；但是我曾聽過彰化縣偏鄉有國小課照班是到晚上 7 點，南投信義鄉有小學甚至還有到晚上 8 點，時間可謂是相當相當的長。

其次，雖然課照班有規定不能上新的進度，但從參訪各國小課照班來看，有的課照班教師除了指導學生寫功課之外，還會安排一些活動，例如體育類活動、繪畫類活動等等，增進孩子多元的學習。甚至有的課照班教師或是承辦組長（通常是訓育組長），考量到因課照時間到傍晚或晚上才放學，學童可能會肚子餓，為體貼學童，還運用學校經費甚至自掏腰包，買一些點心或小餅乾讓學生墊一下肚子，以免肚子太餓。另外，課照班通常是一個班級由一位課照教師擔任，部分學校可能因為人數較少，會有混齡（混年級）為一班上課的情形。

Rossmoor 小學 After-School Program 課程內容

因為我對於國小課照班比較了解，多年來也一直擔任縣市政府委託國小課後照顧服務人員研習課程授課教師，所以到了美國，特別留意美國小學的課後照顧班是如何進行的？與臺灣的小學課照班有何不同？

上學期開學沒多久，學校就發下 After-School Program 通知單，我看了一下，上學期日期從 9 月 21 日到 12 月 15 日，下學期則是從 1 月 22 日到 5 月 18 日，時間則是從下午 2：10 到 3：15（星期三因較早放學，只從下午 1：10 到 2：15），每天課照時間僅有 1 小時 5 分鐘。

費用部分，上學期費用 165 美金（早鳥價 150 美金）；下學期費用 210 美金（早鳥價 195 美金）。授課內容很多元，有球類、Lego 機器人、藝術類、音樂類等等，甚至有初級的中文課程（Beginning Mandarin），而且不同的課程，是由不同專長的教師授課。

在報名對象方面，除了小學生之外，幼兒園學生也可以選擇課程報名。拿到學校發下的通知單後，我原本想幫 Tim 和 Ian 報名，希望他們

到美國除了學校上課之外，也可以多學一些才藝，如此我也不會因為要接送小孩，可以有比較多時間可以旁聽 UCLA 的課程。但看到授課時間僅有短短 1 小時 5 分鐘，每天下午 3：15 課程就結束了（星期三更是只到 2：15），還是要很早去接他們放學，因此，我只好打消報名參加的念頭，自己來當 After-School Program 教師好了，不僅可以省一些費用，而且，可以增加與孩子相處的時間。

下午放學後，Tim 和 Ian 留在校園跟同學玩球

臺灣的小學課照班與美國小學 After-School Program 之比較

　　從 After-School Program 整體課程來看，雖然同屬於課後的課程，但美國的 After-School Program 課程內容包含音樂、美術、體育、機器人等，比較像臺灣的才藝班課程，我想這可能是因為在美國，不像臺灣的小學附近都是安親班或才藝班林立，美國小學必須提供相關才藝課程。而臺灣的小學，每天通常會有回家功課，而且分量不輕，必須有教師協助指導功課，所以，臺灣小學的課照班必須以指導功課為主。反過來說，如果臺灣小學的課照班要像美國的 After-School Program 以才藝課程為主，因為才藝課程教師的鐘點費並不低，課照班的費用就會拉高，這將不利於家庭經濟不佳的學生報名參加。

　　其次，從美國的小學 After-School Program 授課時間這麼短，可以了解其目的不像臺灣的小學課照班主要是照顧學童性質。我每天到 Rossmoor 接 Tim 和 Ian 放學，看到大多是媽媽穿著輕便的服裝來接小孩（另有極少數才是爸爸或是阿公、阿媽）。剛開始我心中一直有個疑問，這些媽媽看起來好像都很閒？看穿著好像都是從家中出來，難道她們都不用上班？只靠爸爸一個人上班就可以養活一家人？後來，我問了一些朋友，才發現美國跟臺灣有很多是雙薪家庭是不大一樣的。在這裡很多家庭只有爸爸一個人工作賺錢就夠家用，另外，有些人從事的是類似 SOHO 的工作，工作時間彈性，方便接送小孩。還有一個情況，媽媽只有上半天班（例如：part time 的工作），中午就下班，所以有時間來接小孩。從這樣的社會背景來看，也可以明瞭前述所說，為何臺灣與美國兩地小學課後照顧不同的目的取向。

　　這也讓我想到，記得之前有一則臺灣的新聞提到，為了讓中小學生有較多的睡眠，不要那麼早上學，因此，想要將上學時間調整為早上 9 點至下午 3 點。我想提出這樣想法的人，應該是完全忽略到不同國家有不同的社會背景脈絡，這樣的做法在美國可行，因為我在美國所看到的

小學生都很早放學，即使是 High School 學生，也是下午 3 點即放學，下了課學生就結伴去打球、去運動。但如果在臺灣，如果中小學生下午 3 點就放學，以臺灣雙薪家庭占了絕大多數的比例來看，家長因為要上班無法照顧小孩，小孩最終的去處就是安親班或才藝班，最後的結果就是讓安親班或才藝班的生意更火紅。屆時，可能又要聽到補教或安親業者，以挖苦的口氣反諷：「感謝教育部賞我們飯吃！」因此，很多教育的想法也許出發點是好的，立意非常良善！但如果沒有考慮到社會背景或文化的差異，就想要貿然實施，最終結果可能是產生很多意想不到的情形，或導致產生更多的問題。

● 臺灣的小學課照班開班情形，反應社區落差或城鄉差距？

事實上，這幾年帶領學員參訪許多所國小課照班，常聽到國小校長、承辦主任、組長，或是課照老師表示，即便是市區的小學，課照班的學生中有很大的比例家境不好，即便費用很低，但仍有很多學生必須申請補助，因為受補助的學生太多，學校辦課照班甚至是虧損辦理，必須想辦法另外籌錢才能支付教師鐘點費來開班。相反地，地處在「蛋黃區」（精華區）的小學，因為學生家庭背景大都很好，學生放學後直接到安親班、才藝班或美語班上課，學校有上課照班需求的學生並不多，所以根本不須開班，或是因為人數太少也開不成班。通常學校越是處於精華區，課照班開班的需求就越低，反之，學校若處於非山非市或偏鄉地區，不僅課照班有開班需求，而且，開的班數會很多。換言之，我們從一個小學課照班是否開班？開多少班？上課到幾點？參加課照班的學生比例高或低？參加課照班的學生家庭背景如何？大致可以判斷出這所小學所在地區是都會區，或非山非市地區，甚或是偏鄉地區。

最後，從臺灣的小學課照班上課時間這麼長來看，課照教師的確是很辛苦，不僅要指導來自不同班、有著不同功課的學童完成作業，而且

有的學校課照班人數達到上限 25 人，很多課照班教師都要忙到傍晚 5、6 點才能下班。而承辦的訓育組長也要負起協助照顧的重責大任，這些教師通常忙到課照班下課，家長把小孩接走之後，才能返家休息，照顧自己的家庭或小孩。從這個教育現象，不得不令人感嘆，臺灣的小學已經過度承擔家庭應盡的教育責任，而且這種責任可能還要持續加重。因此，我不得不佩服這些在課照班默默辛勤付出的教師或行政人員，跟他（她）們說一聲，您們辛苦了！

2018 年春季的 After-School Program
通知單

After-School Program 宣傳布條

班親會
Parent Teacher Conference

Fall Parent Teacher Conference

2017 年 11 月時，校長發 email，表示要舉行 Fall Parent Teacher Conference（類似臺灣小學的班親會）。因為是重要的通知，班級還另外發下紙本通知單，請家長勾選可以與導師面談的時間。校長在 email 中強調溝通在有效的親師夥伴關係中扮演一個關鍵的角色，而且在家長與教師間扮演合作的基礎角色；親師會談時，導師會談及孩子的學業表現、工作習慣以及同儕關係等等；會談時導師會跟家長說明孩子的成績報告卡（Student's Report Card）。校長請家長在 11 月中旬這一週的星期一、二、四、五先空下來（星期三無親師會談），並與導師預約會談時間。

因為學校要舉辦類似臺灣的班親會，所以這四天都是 Minimum Day。來美國之前，我曾上網查過美國的小學資料，原本不是很清楚 Minimum Day 是作何用？看到通知才知道是因為要進行 Parent Teacher Conference，所以，這四天都是 12：20 就提早放學，以利導師與各班家長會談。因為提早放學，校方還有提供照顧小孩的服務，從 12：20 至 4：20，但這是要付費的（順帶一提，在臺灣，很多東西或服務是免

費的，像是到傳統菜市場買菜會送蔥！而且大家似乎都已經享受慣了、習慣有免費的服務；但在美國，可沒這回事，天下沒有白吃的午餐，可不能把在臺灣養成的壞習慣帶到美國來，否則，會很不適應的）。

如果沒來美國，還真的不知道美國小學的班親會是這樣開的，跟臺灣完全不同。在臺灣的小學班親會，通常會在開學後兩到三週內舉行，時間各校不同，有的利用星期三下午，有的利用晚上時間，有的則是在星期六舉行，方便家長參加。因為是全班一起開（僅有極少數學校是採預約制跟導師面談），所有家長跟導師面對面開會，所以通常會發通知，調查有哪些家長會出席？以方便教師安排座位與準備簽到表等資料。會議中，導師會說明學校與班級重要行事、班級常規以及希望家長配合的事項，也會選班親會家長幹部。散會後，有問題的家長可以留下來跟導師談自己孩子的事情。

上學期第一次參加 Fall Parent-Teacher Conferences（2017 年 11 月），說實在話，在參加前還真的是有點緊張與不安，畢竟以前念的英語都是「考試用的英語」，比較擅長的是讀跟寫，聽、說能力只是中等程度，而且還要跟教師談那麼久，再加上常聽 Tim 和 Ian 說，他們導師有一點英國腔，更讓我有點擔心，心中真是忐忑不安。為此，我還特地將一些教育常用的字彙，或是想跟教師溝通的句子，在心中先順一遍，並想像親師會談到底會怎樣進行？

當天我在教室外等待，Sylvia 則帶著 Tim 和 Ian 在操場打球。我看到每間教室外都有幾位家長在等待預約的時間到來，要跟教師碰面。我還跟一位媽媽聊了十多分鐘，不過，這位媽媽真可愛，因為後來 Mrs. B 跟前一位家長談完後出來，跟這位媽媽一聊，這位媽媽才發現原來她跑錯教室了！只好趕緊到別的教室。

因為教師跟每位家長都談得欲罷不能，所以時間不斷往後 delay，我的預約時間也不例外，在教室外等了應該有半小時，後來，終於輪到我跟導師 Mrs. B 面談。原來美國小學的 Parent-Teacher Conferences 跟

臺灣的小學班親會很不一樣，不一樣的點在於這裡是很證據導向的（展現學生的各種學習資料）。Mrs. B 拿出 Tim 和 Ian 各科的作業與成績，一一跟我解釋他們在校的各種表現，不管是 Reading、Writing、Math、Science、Music、PE，或是行為常規等，都會一一說明。不過，主要還是集中在 Reading、Writing、Math，她花了許多時間說明這些科目的表現。像是 Math，Tim 和 Ian 就如同我們一般所認知的，臺灣的中小學生數學表現都不錯，但是導師特別 show 他們的數學作業，告訴我他們計算題表現都很好，但是遇到 Word Questions，Tim 和 Ian 都「掛」了好幾題，不過，Mrs. B 也一直強調，可能是他們看不懂題目的意思，並非不會算，畢竟英語是他們的外語。

整個過程，可以感受到 Mrs. B 好幾次強調英語對 Tim 和 Ian 而言是外語，所以部分學科剛開始表現並非特別優秀，但也可以了解到導師理解第一次到美國念小學的學生，剛開學才兩個多月，無法太苛求他們馬上有多好的表現，必須給予時間等待孩子適應，等待孩子成長。

在會談過程中，Mrs. B 侃侃而談，我除了一開始的寒暄之外，大部分過程都在聽她說明 Tim 和 Ian 的表現，偶爾則針對比較不清楚的地方提出問題，而且我也特別告訴 Mrs. B，感謝她對 Tim 和 Ian 的教導，讓他們順利適應這裡小學的學習環境。另外，我還告訴 Mrs. B，Tim 和 Ian 在家有提到他們的導師非常非常的溫柔，她聽到之後笑得合不攏嘴（哈哈！原來，老美也很喜歡聽好聽的話！）她還特地伸出手來跟我握手，真的是很有趣的經驗。後來，她還問我在 UCLA 情形如何？我向她表示能到 UCLA 學習與旁聽課程，是個很難得的學習經驗！

原本每位孩子要談 20 分鐘，但是最後我們談完 Tim 和 Ian 的學習狀況，已經花掉一個多小時了。我要離開時，Mrs. B「很美式的」在教室門口跟我握手道別！這真的是個難忘的親師溝通經驗啊！

Spring Parent-Teacher Conferences

到了下學期大約 2 月底時，學校同樣發下通知單，調查家長參與班親會的意願。因為上學期已經舉辦過一次，所以這次感覺不是很強制。我想上學期 11 月份才剛跟導師談過，這次應該不必了，所以我在調查表上勾選不需要，但沒想到 Mrs. B 回覆了，在通知單上寫到，她相信還是有需要談一下 Ian 的學習與在校表現狀況。

同樣是依照跟導師約定的時間，我來到教室外等待，但很明顯可以看出這學期的家長人數較少，我猜想可能是因為可以勾選要不要參加，另外，也可能是因為距離上學期的 Parent-Teacher Conferences 才過了大約三個月（中間還放了約兩星期的 Winter Break），所以，這學期參加的家長明顯少了很多。

在跟 Mrs. B 會談時，她照舊拿出 Ian 的許多學習資料，包含 Student Report Card、Student Record Report-Reading Practice English、Student Progress Monitoring Report、Conference Student Data Tracking 等。她 一向我解釋這些資料的意義，例如：她呈現 Ian 的 Annual Progress Report，上面呈現閱讀分數折線圖，大致上都是往上，只是比較特別，11 月時的一次檢測，卻有一小段往下降（dip），但整體而言，數據顯示他的閱讀分數一直在進步中。

另外，Mrs. B 也讓我看了她讓每位學生自己記載的 Behavior Log，上面有 Tim 和 Ian 自己寫的行為表現，包含日期和行為描述。我想這是個很不錯的做法，讓學生記錄自己的行為表現並加以反省，回臺灣後，我可以在中教大教育學程「班級經營」這門課時，跟修課同學分享這樣的做法。

會談過程中，Mrs. B 問我全家何時回臺灣，她讓我看一個通知單，是有關調查所有孩子是否要參加暑假期間所辦理的英語加強班（Summer Enrichment）。我看了感到很可惜，我告訴她我們已經預訂

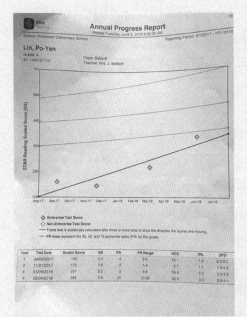

Ian's Annual Progress Report

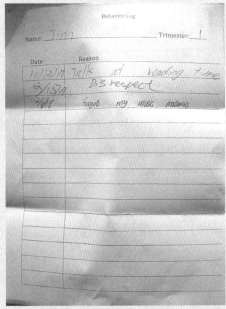

Tim 的 Behavior Log

機票了，6月底就要回國了，無法參加7月初開始的英語班。

這次原本是排定談20分鐘有關 Ian 的學習情況，但中間也有討論到 Tim 的學習，最後花了大約40分鐘。

參與這兩次親師會談，對我而言，主要有兩大收穫：

1. 另一種形式的小學班親會

臺灣的小學班親會幾乎都是教師與所有家長一起開會，討論學期中的重要行事、溝通教育理念以及選出班親會幹部，通常約2-3小時結束，時間上比較有效率，但在開會中導師最怕遇到一種情況，就是少部分家長一直只針對自己孩子的學習提出看法或向導師發問，導致原本是「全班的」班親會，變成某個家長的班親會。反觀美國小學的班親會，透過家長跟導師約時間，一對一會談，完全是針對自己的孩子做深入的會談，家長透過會談可以很深入了解自己小孩在學校學習或行為的各種表現。這種模式很深入，當然，也很花時間，Rossmoor 每學期都有一個星期是在舉辦 Parent-Teacher Conference，扣除星期三沒有辦理，總共需要四天的下午時間。未來可以思考如何在這兩種模式中取得平衡，擷取其優點，但避免其缺點。

2. Evidence-Based 的 Parent-Teacher Conference

在兩次會談中，導師讓我看了許多 Tim 和 Ian 的學習資料，包括英語、數學、寫作等等，而且一邊向我說明孩子各學科的表現情形，因此，雖然每個孩子的表現只談20分鐘（事實上都超過時間），但在這短短的時間內，我可以看到孩子每一科的實際表現，例如：教師從孩子的數學練習本向我說明孩子數學會哪些題目，但常常錯哪一種題型的題目？Essay 寫作是否按照教師上課所說明的五段結構來加以撰寫？從 Reading Log 教師說明孩子每個月的閱讀量有多少本書？上線做過幾次 A.R. Quiz？總共回答過幾個題目？答對幾題？通過率又是多少？

　　更讓我佩服的是下學期的會談，導師拿出 Tim 和 Ian 的 Student Report Card、Student Record Report-Reading Practice English、Student Progress Monitoring Report、Conference Student Data Tracking，並一一向我說明。以 Student Report Card 為例，上面會出現孩子每一科的成績（Achievement Level：A、B、C、D 或 E），比較特別的是還有一欄位是臺灣的小學成績單未見的，那就是多了一個「Effort」。教師除了打每一科的等第之外，還會針對學生的「努力」程度予以評等。雖然只是小小的一個欄位，但我想這非常重要，因為透過這個欄位，家長才能知道孩子每一科努力的情形如何？特別是有些孩子可能實際表現不如人意，但在學習過程中真的很努力、很投入，教師可以在這欄位中給予孩子肯定，這樣的做法也符應到臺灣十二年國教強調的，「學習歷程」跟「學習結果」同等重要！

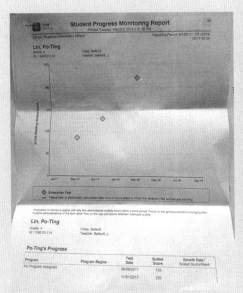

Tim 的 Student Progress Monitoring Report，可以看出經過約半年的學習，Tim 的閱讀成績進步神速，增加超過一倍！

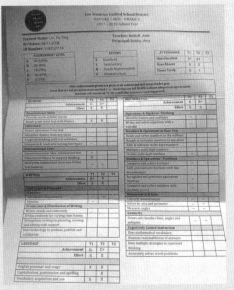

Tim 的 Report Card，清楚呈現學生的 Achievement Level 和 Effort

　　此外，Conference Student Data Tracking 是一個追蹤孩子學習表現的表格資料，主要是閱讀與數學，上面呈現 Tim 和 Ian 過去幾個月來閱讀量多少字？閱讀的書本是哪個程度？（從 A、B、C……Z，越後面的英文字代表書本內容越難）數學部分，學生過去幾個月來在數學軟體 JiJi 上寫過多少題目？累積的進步是多少百分比？而且閱讀與數學兩者都有個別學生與全班平均的比較，除了可以看出孩子的努力成果，也可以看出孩子閱讀與數學的表現在全班的哪一個位置？是超前？普通？還是落後全班平均？類似統計學「相對地位量數」的概念。比較可惜的是，就我所知，臺灣的小學似乎沒有縣市或學校在班親會時，有辦法提供家長這麼多學生的學習資料與各項統計數據。

　　這樣的親師會談完全以學生學習的表現證據為本，親師會談起來不僅清楚且具體，而且還可追蹤孩子的表現是否持續進步中？我想，這些優點與特色值得臺灣的縣市教育局（處）或國中小加以學習仿效！

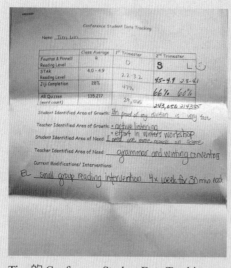

Tim 的 Conference Student Data Tracking

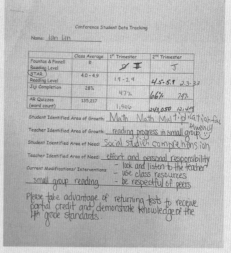

Ian 的 Conference Student Data Tracking

加州州測驗
State Test

沒有段考的美國小學，是孩子的天堂

有人說美國是小學生的天堂，不僅是因爲美國的小學沒有太多的回家功課、沒有許多的考試或評量，還有一個很重要的原因是美國小學沒有期中考或期末考。Rossmoor 小學雖然沒有像臺灣的小學有期中考或期末考，但是每學年下學期的 4 至 5 月則有加州的州測驗。測驗前約一個月的時間，學校如臨大敵，不僅發下通知，校長也特地發 email 給家長加以說明。

加州州測驗（CAASPP Testing）測驗科目與方式

根據 Rossmoor 小學的通知以及校長的 email 內容，以下針對加州的州測驗做一簡要說明。加州的州測驗（The California Assessment of Student Performance and Progress, CAASPP Testing）是州辦的學術測驗（the state academic testing program）。

CAASPP 是提供資訊以便用來在年度的基礎上監控學生的進步情形，並確保所有學生在離開高中前對於升大學和就業已經做好準備。CAASPP 是一種電腦適性測驗（computer adaptive tests），三至八年級

以及十一年級必須接受英語（English-language arts/literacy, ELA）以及數學（mathematics）測驗；而五年級的學生還必須多考一科——科學（California Science Test, CAST）。2018 年的 CAASPP Testing，是從 4 月 30 日至 5 月 18 日舉行，為期近三個星期。

1. 面對 CAASPP Testing，Rossmoor 小學如臨大敵，全力準備！

校長給的通知也提到，家長可以讓孩子到加州教育部（California Department of Education, CEDE）網站上進行練習測驗（view the practice test online），以熟悉這項電腦適性測驗；家長可以在加州教育部的網站上找到相關的訊息。

校長請家長鼓勵孩子在這項測驗中努力表現，畢竟，教育和教學的決定奠基在標準化測驗分數之上，在做這些決定時，必須有正確的資料。有充分休息、營養且獲得家庭鼓勵的孩子比起沒有獲得家庭支持的孩子，比較容易獲得較好的分數。除此之外，當孩子能出席正式考試，會比起將來參加補考，表現得會較理想。

在加州州測驗之前，Rossmoor 小學可謂是「卯起來」準備、各班導師也「卯起來」複習。班級導師連續約一個月的時間，每天不間斷地加強，不僅是課堂上，也包含回家作業，因此這段期間，Tim 和 Ian 每天的回家作業突然增加許多，包含放學回家後必須寫一些練習卷。

2. 我也卯起來協助 Tim 和 Ian 準備 CAASPP Testing

這段期間，很有在臺灣的小學段考前的 fu，當然，也苦了當家長的我，因為我必須協助 Tim 和 Ian 完成這些練習卷，但這些測驗卷中，不乏比較專業的領域，而這些領域是我比較不熟悉的，例如 Language Arts 這一科目，內容有些類似中文的文法與修辭，不僅有許多專業的單字，例如：exaggeration（誇大法）、personification（擬人法）等，還有許多句子、寫作或文章，學生必須根據這些文法或修辭加以回答。開個

玩笑，這些文法、修辭或寫作的東西，已經是大約 25 年前所學，當時背得滾瓜爛熟，但現在早已經忘得一乾二淨，還給教師了。我已經過了不惑之年，記憶開始衰退，但為了孩子只好上網找一些相關資料複習一下，恢復古早的記憶，以便教 Tim 和 Ian，順利完成這些練習卷。

另外，既然校長的通知有提到加州教育部網站上有題目可以練習，我想，考前臨陣磨槍、不亮也光，畢竟，我是經過臺灣中小學充分而完整的升學考試磨練出來的，「考試資歷完整」，具有「豐富的考試經驗」，很清楚要如何在考試得高分。於是乎，我就再度扮演補習班教師的角色，利用晚上和假日，讓 Tim 和 Ian 上網做一下題目，以熟悉題型，我也可以趁機了解加州州測驗各科到底是考哪些內容。不過，每次練習可真是辛苦，因為是線上練習，題目都在網頁上，一個回合的題目做答完畢，要花一個多小時的時間，累的真是肩頸痠痛、頭昏眼花。上網考試雖然方便，不受時間與空間的限制，但累的是眼睛與肩頸呢！

Tim 和 Ian 因為是四年級，只須考 Language Arts 以及 Mathematics 兩科即可，不必像五年級學生還要多考一科 Science。考試都是上機考試，考試科目雖少，考起來卻是「曠日費時」，每科考三天，兩科就要考六天，很像中國古代的科舉，因為我記得科舉一考就要連續考九天。在考試的這段期間，導師也陸續發了幾封 email 給家長，除了說明哪幾天還要考試之外，提醒家長可以讓孩子練習一些練習題，也感謝家長在家中對於孩子準備考試的支持等等。

後記：加州的州測驗在 5 月中結束，不過，測驗結果到了當年的 10 月才會通知家長。

Set 4-4　　　　　　　　　　　Name ___Tim___

Language Arts Strands Fitness

Word Work

Vocabulary

permit

mature

decay

Complete the activity on a separate sheet of paper.

Each of the words listed has more than one definition. Write sentences for each of the words to show its different meanings. (A word with three definitions will have three sentences.) Underline the word in each sentence.

Think carefully about parts of speech.

Writing Strategies

Read the sentences below. Think of a topic sentence that could go with the sentences. Write your topic sentences and these sentences in a paragraph. Be sure to use transition words to make your paragraph flow.

The dentist needed to take new x-rays.
The dentist gently cleaned Brent's teeth.
Mint flavored floss was used.
He rinsed with cold water and fluoride mouthwash.

_____

_____

_____

_____

_____

_____

_____

導師發給學生的 Language Arts 回家作業

科學展覽
STEM Fair

● 要不要讓 Tim 和 Ian 參加 STEM Fair ？

4 月中下旬，Tim 和 Ian 放學拿回 STEM Fair 的通知單讓我看，我心裡很猶豫要不要參加，陷入天人交戰，原因是有兩股力量在我心裡拔河：一股是拉力，我想既然到美國念小學，想當然要多多參加學校辦的各項活動，也可順便了解美國中小學科展的做法。另外，也有一股推力，我想已經 4 月多了，離回臺灣大約只剩兩個多月，有許多事情必須去辦，不容易騰出時間來教孩子做耗時費力的科展；再加上身在美國，並非在臺灣，資源不若在臺灣充裕，受限於資源與經費，能做的主題受到了限制。經過了一番天人交戰，我決定「撩下去」，一方面這是一個很難得的經驗，另一方面，也可讓 Tim 和 Ian 在實作的過程中，學習科學實驗與探究的精神。

● 撩下去！既然來美國念小學，就要參加 STEM Fair ！

在臺灣，我教過幾年小學，也曾經帶領班上學生做過科展（那時尚未讀研究所），運氣不錯還得過第三名，不過，那已經是 10 多年前古老時代的事蹟了！還好，讀碩、博士班時，畢竟都修過研究法，在中教

大教書也擔任「研究法」課程授課教師，做研究或做實驗都不是難事；但是，要選擇一項研究主題，兼顧到適合小學生程度，又不能花太多時間（約一個月就要交作品），且無法花太多經費或資源的種種條件限制之下，尋找研究主題可真的是讓我花了許多時間思考。我不僅透過網路尋找臺灣的中小學科展得獎名單以及題目，細細查看希望從中得到一些科展題目的靈感；也到 YouTube 搜尋美國小學科展的影片，看看在美國小學科展有哪些主題？如何進行研究？呈現的方式有哪些？另外，我和 Silvia 跟好朋友 Elisha 討論 STEM Fair 的事情，才知道原來她在 UCLA 是念生物系，她要指導小兒子利用吐司進行黴菌的實驗。好笑的是，後來她說她有點哀怨，因為洛杉磯天氣太乾燥（一年下雨天不到 10 天），吐司很不容易發霉，後來她想出一個方法，將吐司放在比較潮濕的浴室，才讓吐司順利發霉。

● 受限於時間與資源有限，選擇種綠豆作為研究題目

Tim 上課經教師介紹，原本想跟一個廠商買小小機器人，進行電力電路以及用這小小機器人畫圖的研究，但沒想到東西寄來，發現很「兩光」，只好放棄這樣的想法。

幾經搜尋資料，我心中已有幾個腹案，但考量到時間比較緊迫，再加上資源有限，無法花費太多錢，後來，看到臺灣中小學科展各有一所高中或國小進行種綠豆的實驗，我決定採用，雖然題目好像有點「聳」，但一方面因為材料準備很方便，另一方面，綠豆成長速度很快，可以趕上交作品與參加展示的日期；還有，透過種植綠豆，可以讓 Tim 和 Ian 學習到如何做實驗？包括：實驗設計、控制變項、進行觀察與記錄等等。

有了研究題目與方向之後，我們趕緊採買綠豆，同時，開始思考如何研究題目以及要操弄哪些變項？坦白說，種綠豆是個「很古老」的

題目，必須有一些新意才不會炒冷飯。討論了很久，我們終於決定將綠豆分為 4 組，並決定要操弄的各種變項：(1) 土質（土壤、棉花、咖啡渣）；(2) 水質（自來水、礦泉水、泡蛋殼的水和浸泡免洗筷的水）；(3) 日照（有、無日照）；(4) 聽音樂（有、無聽流行音樂）。各組除操弄的變因之外，其餘條件皆控制為相同。

之所以會想用咖啡渣來種綠豆，是因為每天早上喝咖啡，煮咖啡後會產生咖啡渣；其次，用泡過蛋殼的水，是因為在臺灣常看到有人將蛋殼放在盆栽裡以增加「養分」，但這僅是聽說，想藉此實驗看看，是否真的有助於綠豆成長；再者，會想要用浸泡免洗筷的水來種綠豆，是因為好多年前，我看新聞報導有國小科展用浸泡免洗筷的水來種豆芽菜，結果發現可能是因為免洗筷含有「二氧化硫」導致豆芽菜全死光了，我們想驗證看看是否真有此結果？而美國的免洗筷真的跟臺灣的一樣，含有會導致氣喘的二氧化硫嗎？另外，想讓綠豆聽音樂，這個點子蠻 crazy 的，是因為以前看過新聞報導，酪農讓乳牛聽古典音樂，結果有助於增加乳量，因此，想了解若是聽流行音樂是否有助於種綠豆。

因為在美國我們資源有限且取得不易，所以廢物利用，利用每天喝的礦泉水瓶，將其剖半變成盆栽來種植綠豆。後來，考慮到盆栽大小以及綠豆發芽率，在每個盆栽裡各放 25 顆綠豆。在綠豆成長的過程中，我提醒 Tim 和 Ian 要每日進行觀察與記錄，畢竟，這是實驗中很重要的一個步驟；而且，也要定時澆各種水（到後來，這變成我每日的工作，小孩果然是三分鐘熱度！）而且，有、無聽音樂這一組，每天必須讓其中一盆綠豆聽很吵的流行音樂，以觀察有沒有聽流行音樂到底對綠豆成長有無幫助。

綠豆實驗：第一種變項，探究 4 種不同水質對綠豆生長的影響

Free Project Guidance Classes

在進行這項研究前，Tim 連續參加學校所安排的四次工作坊（Free Project Guidance Classes），其中，有兩次還必須將 Display Board 帶到學校，老師會給予學生一些建議。從 Tim 每次工作坊結束，都會分享他學會的東西，可以看出他很有收穫。另外，因為 Ian 一開始沒有報名，但我和 Silvia 很想讓他跟 Tim 一起去工作坊，所以中間他也參加過一、兩次工作坊。

開始實驗過了 2-3 天，綠豆的外皮開始破了，又沒多久，莖也開始長出。在這過程中，有一些結果完全符合研究假設，例如：有日照的綠豆長得比較快，沒照陽光的綠豆（用黑布完全罩住），長得真的是又矮又小，一副營養不良的樣子。其次，我們有許多有趣的發現，例如：種

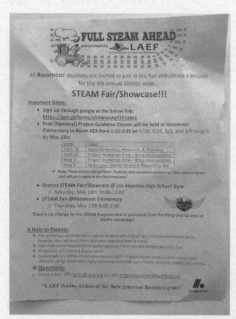

STEM Fair/ Show 通知單，Free Project
Guidance Classes

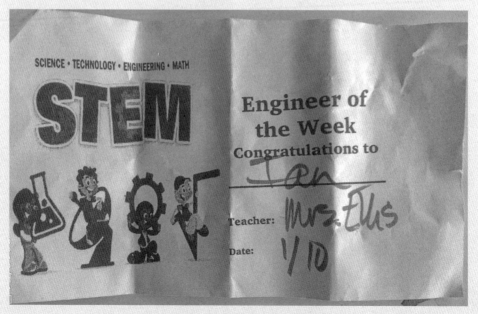

Ian 在 Science 課堂是全班第一個做出作品，獲得教師獎勵 Engineer of the Week

在咖啡渣上的綠豆，不知是因為咖啡渣裡含有抑制綠豆成長的成分，綠豆長得明顯小於種在土壤與棉花上的綠豆；而有聽流行音樂與沒聽的綠豆，莖的長度差異很小。在這觀察的過程中，我請 Tim 和 Ian 每日做成紀錄，並拍照留存。

種了大概 10 天，綠豆長得也差不多了，於是，我們開始要將資料轉換成展示板了。我請 Tim 和 Ian 先將展示板的內容標出：Investigative Question、Introduction、Background Information、Hypothesis、Procedures、Data Chart、Data Graph、Results and Discussion、Conclusions，之後，我們一起將資料轉換成文字與圖表，中間還有許多調整與修改，經過了幾天的努力，終於完成了 Display Board。我們經過許多次討論，將主題取名為：Sprout! Green Beans，前面加上「Sprout」的原因一方面是 Sprout 原本就是發芽之意，另一方面，Sprout 是我們租屋處附近一家我們都很喜歡逛的老美連鎖超市。

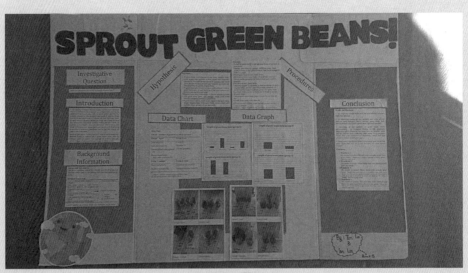

經過一番努力，我們終於完成 STEM Fair 展示板！

Tim 和 Ian 在 Stem Fair 海報前合影留念

STEM Fair Schedule

5 月 17 日（週四）是 Rossmoor 安排的 STEM Fair Schedule，我和 Silvia 中午時間抵達學校。學校將學生分為兩組，一到三年級在一區展示，四、五年級在另一區展示。到了展示的教室，除了參加的學生之外，已經有許多家長在現場觀看。Tim 和 Ian 的作品就放在門口入口處，Tim 告訴我有幾位小朋友觀看他的作品，也有同學很好奇地發問。

District STEM Fair/ Showcase

5 月 19 日（週六）10：00 至 12：00 是學區舉辦 District STEM Fair/ Showcase 的日子，地點就在 Los Alamitos High School Gym。這天是星期六，一早我們全家人為求展示的完備，做了綠豆種植的說明牌，Tim 和 Ian 還畫上插畫，以比較逗趣的對話呈現綠豆成長的過程，希望

Tim 和 Ian 在 STEM Fair 會場攤位前

STEM Fair/ Showcase 在 Los Alamitos 高中舉行，吸引眾多家長與學生參加

在 Los Alamitos 高中舉行之 STEM Fair/ Showcase 各項作品

可以吸引一些小學生的目光。到了現場，早已停滿了汽車，現場已經聚
集了許多家長與學生，包含小學生與中學生。Tim 和 Ian 到學校的攤位
簽名報到後，我們趕緊找了一個空位，擺放 Display Board，以及綠豆
盆栽。這真是一個盛大的場合，Los Alamitos 學區 High School、Middle
School 和 Elementary School 所有參加科展的學生、家長還有教師齊聚
一堂，除了展示自己研究的成果之外，也可觀摩別人的作品，或向參觀
的家長、學生或社區民眾解說。

● 令人感到 crazy 的美國學生 STEM Fair 作品！

我到現場環繞了好幾圈，仔細觀看每項作品，發現有的作品真的很有創意！例如：有人做 Which snack is greasiest？要研究哪種餅乾或是洋芋片最油膩？看看老美喜歡吃洋芋片的習慣，這個研究真的是貼近實況又有實務上的貢獻。其次，我看到一個主題很 weird，也很 crazy，題目叫做：Cats vs. Dogs – Who Is Smarter？天啊！這項研究是要比較貓與狗誰比較聰明耶！乍看之下覺得很新奇，更令我好奇的是這樣的題目要如何進行研究？研究設計要如何進行？老美真的是很有創意！有很多稀奇古怪的想法。我也看到中學生做的一項很夯的研究，例如：利用踩腳踏車發電，現場也搬來一台腳踏車讓大家試騎，吸引不少民眾的眼光。我還看到一項作品很「臺灣」，除了大家都有的展示板之外，還放一台筆電播放著研究過程的影片，另外，做研究用到的水果、蔬菜，以及研究用到的書籍也都放在現場，整體的布置呈現很有臺灣科展的樣子。另外，有些作品是小一或小二學生做的，雖然內容比較薄弱，方法似乎也沒有很嚴謹，但我想讓孩子在教師以及家長的指導下，克服困難自己動手操作或實驗，並詳細做成記錄，科學的種子也許慢慢就在孩子的心中扎根萌芽。

在觀摩的過程中，我們的作品吸引一些看起來年齡比較小的小孩駐足欣賞，有些媽媽還帶著孩子一起觀看，看到有人來觀摩，我心中覺得很欣慰，努力的成果總是希望跟別人分享，而且一股成就感也油然而生。後來，大會廣播說，利用大約 30 分鐘的時間，分別由小學與中學生相互詢問與解說，前半段小學生去看中學生的作品，可以發問；之後，調換過程，由中學生去看小學生的作品並提問。

貓與狗誰比較聰明？這樣的題目真
的是 Pretty Cool！

美國的 STEM Fair 與臺灣中小學科展的差異

這次的 STEM Fair，我不僅和孩子一同參與，也參加科展的展示會，收穫很多，也有很大的體會，深深感受到臺灣與美國科展的不同。大體而言，臺灣中小學科展比較偏於「菁英教育」，由教師挑選學生組成最強的隊伍參賽，目標當然是要得名，否則學校與指導教師似乎會臉上無光、無顏見江東父老；相較之下，老美的科展比較強調的是科學的普及，每位學生都可以選擇是否參加，做自己想要做的作品，這樣的方式比較強調「科學扎根」。綜合前述，我歸納出美國的 STEM Fair 與臺灣中小學科展的不同點：

1. 美國小學的 STEM Fair 是學生與家長自由決定要不要參加，臺灣中小學科展則是找一位或數位教師，尋找幾位有潛力的學生組隊進行研究。

2. 美國中小學科展是由家長在家指導孩子進行，但強調孩子必須實際參與整個過程，這點與臺灣由學校教師指導很不一樣。

3. 美國 STEM Fair 雖是由家長給予孩子指導，但學校仍有安排 Workshop，利用連續四個星期三下午放學後的時間，學生自由選擇參加，由教師給予學生研究上的指導，包含：研究概念的產生發想、研究題目的選擇、Display Board 的展示與呈現等等。

4. 相較於臺灣中小學科展會分組別、找評審評分決定名次，美國 STEM Fair 不評分，更沒有排名。

5. 臺灣中小學科展會進行展示評分，參賽學校師生可以藉此機會觀摩其他作品；美國 STEM Fair 則是會在小學辦一次觀摩展示，之後則在鄰近高中再辦一次大型的展示，作品包含小學與中學，家長與學生都可以參加觀摩。

　　雖然老美的 STEM Fair，或是臺灣中小學的科展，兩者的做法有很大的不同，但應該有共同的核心精神，我想可以從 District STEAM Fair/ Showcase 現場播放影片中的一句話代表科展最核心的精神：Keep Exploring！我想，這才是推動科學教育或進行科展研究最重要的精神！

感謝教師
Teacher Appreciation

🌟 謝師活動 Week May 7 to 11

　　大家都說華人社會比較尊師重道，對於教師比較尊敬，從古語「天、地、君、親、師」、「一日爲師，終身爲父」、「良師興國」可見；相對的，在美國教師的地位不若華人社會的教師地位高。但來美國仔細觀察，才發現這些觀念跟實際狀況有些落差。2018 年 5 月 7 日至 11 日，Rossmoor 小學舉辦了 Teacher Appreciation Week，主題是：Because You Lift Us UP，從星期一至星期五，透過不同的敬師活動，表達對於教師的尊敬與感謝之意。一連五天的感謝教師活動如下：

5/7　星期一：PTA 提供所有教師和職員早餐，包括咖啡和歐陸式早餐。

5/8　星期二：請學生提供花束，家長代表 Shannon 和 Michelle 會在教室等待同學的花束並將其組成 Ms. B's flowers。

5/9　星期三：PTA 提供所有教師和職員美味的午餐。

5/10 星期四：請學生提供班上或導師所需要的文具用品，家長代表會告訴大家班上需要哪些文具。

5/11 星期五：卡片日，學生可以提供卡片或照片給導師或職員。

家長代表發的通知內容如下（節錄）：

The theme is "Because You Lift Us UP" The schedule is as follows:

Monday, May 7

Wake UP with Breakfast

Coffee and continental breakfast will be provided by the PTA for our staff.

Tuesday, May 8

You help us grow UP

Flower Day – Please bring your teacher a flower. Floral bouquets will be assembled by the Room Parents. Bring your flower to the lunch tables and find me. Michelle and/or I will be there to assemble Ms. B's flowers.

Wednesday, May 9

Eat UP Some Yummy Lunch

Lunch will be provided by the PTA for our staff.

Thursday, May 10

Stock UP the Classroom

Supplies Day – Give your teacher and/or staff member a book or needed classroom supply. We will let you know as soon as we can about Ms. B's wish list.

Friday, May 11

Fill UP their Buckets

Card Day – Please bring a card, picture or note for your teacher and/or staff member.

Tim 和 Ian 買花束與卡片送導師 Mrs. B

　　學校針對 Teacher Appreciation Week 發出了通知，Room 15 的家長代表（Room Parents）Shannon Sanchez 也發 email 請家長協助提供花束或文具用品給導師，感謝家長的支持，讓導師 Mrs. B 能夠知道我們多麼感謝她的辛勤教導（Thank you in advance for your support and helping us let Mrs. B know how much we appreciate her hard work）。

　　我和 Sylvia 看了這星期學校所規劃的活動，除了星期一與星期三的活動由 PTA 提供早餐與午餐之外，我們可以聊表謝師心意的是星期二送導師花束、星期四提供文具或書籍給班上，以及星期五寫卡片給導師。我們在前一天晚上到超市逛逛，買了合適的花束，讓 Tim 和 Ian 在 Flower Day 這天，捧著一束美麗的鮮花到學校送給導師。沒想到，當天下午導師 Mrs. B 就發了一封主旨是「Thank You!」的 email 給所有家長，感謝家長送來的美麗花束，也很感謝家長代表的協助！

學校告示板公告 5 月 7 日至 11 日是 Staff Appreciation Week

學校圍牆上貼著 Flower Day Is Tomorrow 的小海報

Flower Day 當天，小孩人手一束花要送給導師

> ## "BECAUSE YOU LIFT US UP"
>
> **MONDAY, MAY 7**
> Wake UP with Breakfast
> Coffee and continental breakfast will be provided by the PTA for our staff.
>
> **TUESDAY, MAY 8**
> You help us grow UP
> *Flower Day*- Please bring your teacher a flower. Floral bouquets will be assembled by the Room Parents.
>
> **WEDNESDAY, MAY 9**
> Eat UP Some Yummy Lunch
> Lunch will be provided by the PTA for our staff.
>
> **THURSDAY, MAY 10**
> Stock UP the Classroom
> *Supplies Day* -Give your teacher and/or staff member a book or needed classroom supply (your Room Parents will let you know what supplies/books your teacher needs)
>
> **FRIDAY, MAY 11**
> Fill UP their Buckets —
> *Card Day* - Please bring a card, picture or note for your teacher and/or staff member.
>
> More information will be provided by your Room Parents this week. Any questions, please contact Jessica Kormeluk at jokormeluk@gmail.com

學校發的通知 Because You Lift Us UP

　　至於寫卡片，我告訴 Tim 和 Ian，到美國一年就讀這裡的小學，是個很難得的經驗，而且導師對他們算是很照顧，不會因為他們只讀一年就有差別待遇。因此，我們也到超市買了卡片，Tim 和 Ian 各自在自己的卡片寫上感謝導師的話，這跟在臺灣送教師卡片很類似，唯一的差別在於使用不同的語言。我藉著寫卡片的機會，教 Tim 和 Ian 寫卡片的格式以及常用的感謝語或祝福語。星期五這天早上，Tim 和 Ian 就將卡片帶到學校交給導師。

● 美國小學學期末有家長送禮物給導師的傳統

　　事實上，Rossmoor 小學敬師的活動上、下學期都有。在上學期末大約是 12 月時，班級家長代表發 email，表示為感謝導師的教導，希望

家長能提供教師喜歡的物品,而且在 email 中家長代表還表示,經過詢問後她列出導師喜歡的物品,例如:Gift Card。看了家長代表的內容,我和 Sylvia 覺得還是有點不清楚,不了解美國小學如何表達謝師之意。後來,問了朋友 Sammi 之後,才恍然大悟,原來美國小學有在學期末送導師禮物的傳統,像是 Sammi 住的區域華人很多,但她的小孩念的小學也有這樣的活動,而且他們會直接問導師需要什麼禮物?或是比較想要什麼物品?這點跟臺灣很不同,大家很少會直接問導師喜歡何種禮物。

因為家長代表在 email 有提到希望大家能送一些 Gift Card 給導師,5 元、10 元或 20 美元的都可以,她會將這些 Gift Card 組成一個 Gift Card Tree,之後再拿給導師。於是,我們全家就利用假日到 Target 超市去買禮物卡,Tim 和 Ian 各買一個 20 元的禮物卡,並在隔天將禮物卡拿到學校交給家長代表,聊表一下感謝導師教導的心意。

臺式送禮 vs. 美式送禮

從這兩次主要的敬師活動中,可以發現美國小學與臺灣小學的敬師活動各有特色。比較特別的是,可能是美國人比較直接或直率的關係,會由家長代表先詢問導師比較喜歡什麼禮物,再由家長代表直接告訴全班家長,由家長自由選擇要不要購買?這種很直接的方式,優點是可以送教師符合其需求的禮物,不會發生送了教師不需要或不想要的禮物,家長或學生也不用猜半天或旁敲側擊。但這種方式,因為臺灣的習慣與老美不同,大家比較不習慣這樣做。

另一個美式做法的例子,發生在我送禮物給我的接待教授 Sponsor Faculty Dr. Torres 時。赴美前一年,也就是 2016 年 8 月 Dr. Torres 受邀到北京參加比較教育學會的年會並擔任 Keynote Speaker,之後他應交大邀請繞到臺灣來停留幾天,我跟他約在他下榻新竹的飯店見面,一

方面當面感謝他願意協助發邀請函給我，另一方面也跟他請教一些到 UCLA 訪學的問題。當時我送他一盒臺中有名的禮盒時，他「很美式的」就直接打開禮盒來看，還特地將禮盒拿高朝外展示一下，並且表示他很高興能收到這個禮物。像這樣會當場打開禮物的做法跟臺灣截然不同，在臺灣，如果當場打開禮物可能會讓送禮物的人覺得有點突兀或尷尬。看來送禮還真的是一門學問，不同國家或不同文化送禮的方式常常截然不同。不過，就像我以前經過臺北捷運站看到的一則廣告所寫的：人是喜歡收到禮物的動物！不管東方人或西方人，收到喜歡的禮物那種歡欣雀躍的心情都是一致的。

老美喜歡花束與巧克力

　　從送教師花束表達謝意這個舉動，也讓我終於了解到為何美國的超市都在賣花？剛到美國時，逛超市一直讓我心中有個疑問，那就是不論是 Target、Sprouts 或 Vons 這些知名的大超市，在入口處總是擺放著許多美麗的花束，我很好奇哪些顧客會買？畢竟，在臺灣大都是花店才會賣花，很少看見超市會賣花束。2017 年 12 月下旬我們搬進 Rossmoor Townhouse Community 前，請教好朋友 Sammi，問她要送什麼給房東 Mary 比較好？Sammi 以她住在美國約 20 年的經驗，表示可以送花或是巧克力，這些是老美比較喜歡的，也是老美的習慣。後來，我和 Sylvia 就到 Sprouts 超市買了一盆花，在搬家當天送給 Mary，看她收到花時開心的表情，可以知道她很高興！

　　其次，以往我們總認為在臺灣中小學教師作育英才，享有比較高的社會地位，在美國中小學教師的社會地位則不如臺灣教師。但從老美敬師或謝師的活動來看，可以發現或許美國中小學教師在當地社會的地位或聲望，不如臺灣的中小學教師擁有較高的社會地位，但老美家長對於教師教導自己孩子的感謝心情與實際謝師行動，則與我們沒有兩樣，

Rossmoor 小學甚至一口氣一連五天進行謝師的相關活動，且每天活動各有不同，老美家長與學生多元的謝師活動真的是讓我開了眼界，也感受到他們對於教師的尊敬與感謝！

11

升旗集會
Assembly

美國小學的 Assembly 類似臺灣小學的升旗，但過程很不一樣！在美國期間，我參加過三次 Rossmoor 小學的升旗，看到不同於臺灣小學的升旗過程，也算開了眼界。

很不一樣的升旗集會！

Rossmoor 小學的升旗場所位在各班教室的中間，也就是各班教室分布其實是環狀的，中間的草地上有個高度不高的平台，這平台類似司令台。平台高度比起臺灣小學的司令台矮很多，僅有三個台階，看起來不若臺灣的司令台那樣高大且具有權威性的象徵。整體分布情形是升旗平台位於中間，四周環繞著各班教室。很特別的是，有意願參加的家長，特別是小孩有優秀表現要上台接受表揚，可以留下來參加升旗典禮。

第一次參與升旗前，剛好看到 Tim 和兩、三位同學拿著很大的帆布展開鋪在地上，讓同學席地而坐；第二次則是學生搬著自己的椅子前往集合，在行走的過程中，讓我跟 Sylvia 很驚訝也很佩服的是，每位學生都保持安靜，沒有任何人邊走邊聊，看得出來，教師在常規方面教得很不錯。

Tim 和同學合作鋪好帆布，讓同學升旗時可以席地而坐

Assembly 前，各班同學合作鋪好帆布

各班導師引導學生進入 Assembly 會場

唱美國國歌與宣誓效忠國家

等所有班級都就定位之後，就開始進行升旗典禮。一位由學生擔任的司儀要大家一起唱美國國歌，唱完國歌之後，師生還要將右手放在胸前，一邊唸著 I pledge allegiance to the Flag of the United States of America……，表示宣誓效忠國家。在這之前，我問過 Tim 和 Ian，學校升旗時，他們是否要唱美國國歌，以及對美國國旗敬禮？他們說還是會舉手宣誓。我之所以這麼問，是因為我想我們來自臺灣，不是美國人，升旗時對著美國國旗敬禮或宣示會感覺怪怪的。不過，再想一想，因為是小朋友，不必太嚴肅，就入境隨俗吧！

閱讀 100 萬字 medal 頒獎

升完旗，沒有臺灣小學常見的校長或導護教師談話或宣導注意事項，也沒有喊口令要各班整隊，直接就由校長開始宣布一些事情，校長唸出得到閱讀線上測驗 A.R. Quiz 累積 100 萬字的學生姓名，校長還說出每位同學累積多少字數，因為有學生剛累積到 100 萬字，有的學生 —— 通常是較高年級的學生，則是累積到 200 萬字、300 萬字，甚至更多字數！校長很開心也很誠摯的跟這些獲得 medal 的同學說：Congratulations！

很輕鬆的 Assembly！

在升旗的過程中，我發現美國小學的教師穿著很隨興，有些穿著牛仔褲，甚至還有教師穿著夾腳拖呢！臺灣的教師如果穿這樣的衣服或鞋子來上班，大概會被批評沒有教師的樣子！我還發現有的教師手上拿著咖啡來到升旗典禮現場，看起來很有悠閒的 fu，但這種情況在臺灣應該是很罕見的。另外，有一點比較不同的，在美國我很少看到有人撐陽傘（通常是華人女性才會這樣做），在小學升旗現場，亦未見有女教師撐傘躲太陽，這跟臺灣小學很常見女教師升旗時撐傘怕曬黑的情況大大不同。開個玩笑，這可能是白人已經夠白了，有曬黑的本錢；其次，也可能是審美觀的不同，在臺灣大家都說：一白遮三醜；但在美國，似乎擁有古銅色的皮膚是大家所共認的。

在升旗過程中，我和 Sylvia 跟一位媽媽聊天，才知道她來自法國，聽她說之所以搬家的原因是因為以前住的地方，小孩所就讀的小學沒有音樂課跟體育課，所以才搬到這個社區來。她講的遭遇讓我想到，我在來美國之前，看過一篇市北教大林佳蓉教授發表過的文章，這篇文章讓我印象很深刻。一方面是因為這位林教授也是到美國加州的 San Jose State University 訪學，另一方面，她在文章中提到，美國小學教育經費

的主要來源是 PTA，而 PTA 的經費很大一部分來自家長的捐贈，而且這些捐贈是用來支付一些藝能科（音樂、美術）或電腦科教師的薪水。如果比較貧窮的社區，家長的捐贈較少，會導致當地的小學沒有經費聘用這些藝能科或電腦科的教師，當地小學也就沒有這些課程。當時我看到這篇論文描述的情形，一方面覺得很離譜、非常難以想像，小學竟然沒有音樂、美術或電腦課！另一方面，也隱隱約約感受到美國小學因為地區發展的不平均，地區之間的教育機會均等存在很大的落差。沒想到，來到美國竟然從家長口中聽到相同的情形！如果是在臺灣，是不可能發生小學沒有音樂課或美勞課的情形！畢竟，臺灣的國中小教育，如同《國民教育法》所提的，「以培養德、智、體、群、美五育均衡發展之健全國民為宗旨。」偏遠地區的小學，即便是學校位置相當偏僻，教師流動率如何的高，代理教師比例高的嚇人，但學校一定會有藝術與人文相關課程，不會因為地區的差異就有所不同。從這個例子可以再次看到，我國的小學教育對於教育機會均等的確是相當重視，而且實際上很多教育政策，例如：教育優先區計畫，目的也在落實教育機會的均等。

　　Rossmoor 小學下學期結業式比臺灣的小學來得早，6 月 14 日就是結業式，因此，6 月 8 日是最後一次 Assembly。因為校長有特別用 email 通知，這天是 Tim 要上台接受校長頒發線上閱讀認證 A.R. Quiz 累積 100 萬字獎章，我和 Sylvia 再次參加升旗典禮。可能是因為學期末了，師生心情都比較放鬆，校長在開始升旗前，還播放流行音樂，不論是教師、家長或是學生，大家紛紛「聞樂起舞」，低年級的小朋友甚至還跳起兔子舞，看得出來大家都很 high！不過，話說回來，這樣的場景不可能發生在臺灣的小學升旗典禮。這或許是民族性的不同，臺灣人相較於美國人比較拘謹、比較矜持；也或許是臺灣的小學教育比較強調常規與秩序的重要性，不大能接受孩子有太嗨的舉動，這一點我在美國的觀察有很深刻的感觸，從臺灣與美國小學升旗的過程可以很明顯看出兩地的差異。

表揚學校志工與離任教師

這次的升旗除了表揚線上閱讀認證優異的學生之外，還有一項重頭戲，那就是表揚學校志工以及要退休或轉調到他校的教師。我發現比較特別的是，過程是由學生，而不是由校長將花圈掛在志工或退休教師的身上。這一點小小的差異，事實上有很多教育意義：其一，以學生為主體，讓學生眞正成為升旗典禮的主角；其二，由學生幫師長掛上花圈，一方面可以讓學生學習感恩師長的過程，另一方面，師生每天朝夕相處，師生透過這樣的儀式，雖然僅是一個小小的動作，但確實達到師生心靈的契合，也描繪出一幅「教育即感動人心」的美麗圖畫！

Rossmoor 很重視志工，不僅於升旗時表揚，也製作海報 Volunteer of the Week 介紹

升旗時，校長致詞

唱美國國歌時，師生與家長皆將右手放於胸前致敬

升旗時，學校頒發符合學校願景 P.R.I.D.E. 的學生，導師與該班得獎學生合影

升旗時，學校表揚志工，由學生致詞表達對志工之謝意

12

捐款
Donations

一整年從不間斷的 donation！

在美國一年，真的是開了許多眼界。在教育方面，最讓我感到大開眼界的是捐贈（donation），捐贈的活動不僅多，且很多活動都可以跟捐贈結合在一起，更特別的是，捐贈是經常性的、常年性的，整年從學期初到學期末都有，完全不間斷！開個玩笑，捐贈的次數之頻繁、時間之長、力道之猛真可用「排山倒海、沛然莫之能禦」來加以形容。

Parent Teacher Conference（PTA）

在捐贈方面，PTA（Parent Teacher Association）可以說是負責幫助小學「抖內」（donate）活動的組織。PTA 類似臺灣的國中小家長會（之前我曾在網路上看到有人提到 PTA 類似臺灣國中小的班親會，事實上這是錯的），是一個全校性的組織，每個學期除有固定的會議要召開，最主要是要舉辦各種支持學校的活動。開學沒多久，Rossmoor 小學就發下通知單，除說明 PTA 的組織任務之外，也鼓勵家長加入並踴躍捐贈給 PTA。PTA 會運用這些捐贈在學校的各項課程或活動，例如：

- New laminator
- FIBO Art Classes
- Accelerated Reader
- Family Nights
- New computers for the Media Center
- School supplies for teachers
- Books for the classes
- Field trips
- Assemblies

綜觀 Rossmoor 小學募款活動，我歸納有以下七大項主要做法：

PTA 每個月開會一次，會用布條提醒大家參加

1. PTA 一年兩次的大型 Fundraising

加入 PTA 會員的費用並不貴，一般等級的會員一學年只要美金 11元，所以我們全家加入共花了美金 44 元，折合臺幣約 1,300 元左右。比較特別的是，在臺灣，只要有捐贈，捐贈者都會拿到收據，或者載明捐贈金額／物品的感謝狀；但來美國，我發現捐贈給小學，PTA 或學校並沒有給任何收據。剛開始感覺不大習慣，不過，想想也許就是美國講究「誠實」、相信人性的文化使然。試想，如果刻意要拿收據或一定要給收據，給人的感覺反而是「不相信人性」：捐的人怕收錢的人會將錢放進私人口袋，反過來說，收的人怕若不給收據，捐的人心裡會懷疑。

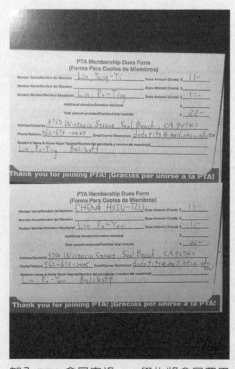

加入 PTA 會員表格——學生將會員費用放入紙袋，再帶回給導師即可

PTA 募款活動——Step it Up，為鼓勵捐贈，活動還設計有許多獎勵

加入 PTA，會員可以有許多好康，也就是購買許多商品或門票的優惠

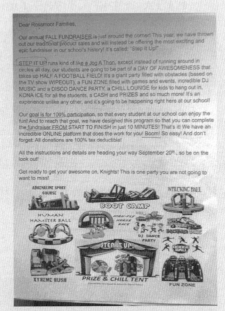

PTA 秋季募款，有捐錢即可參加許多遊戲或活動，以吸引學生家長捐錢

加入 PTA 的會員，可享有許多購物或餐廳優惠，滿滿一大張各種優惠

　　為了鼓勵以及吸引家庭踴躍加入，PTA 還跟許多企業或商店合作，提供許多會員享有的優惠措施或折扣，例如：到附近的 Long Beach 水族館可享購買門票優惠、到漢堡店點餐享有優惠等等。這項做法可以供臺灣的中小學參考。

　　從 PTA 的通知單以及校長的通知得知，PTA 每年有兩次最大的募資活動（Fundraising），分別是第一學期的秋季募資，以及春季的募資活動。為了鼓勵各班學生家長踴躍加入，PTA 可說是想盡各種方法。例如：統計各班加入 PTA 的會員人數，全班加入會員人數達 25 人以上者，可以參加冰棒派對（Popsicle Party）；會員人數達 50 人以上者，則可以參加披薩派對（Pizza Party）。這個鼓勵方式可說是非常有效，像 Tim 和 Ian 就不只一次告訴我學校有這項鼓勵措施，希望我能加入，他們希望能參加冰棒或披薩 party。從這裡也可以看出，「略施小惠」用一點物質獎勵，對於小學生來說效果還蠻顯著的。

　　此外，PTA 為使家長與各班導師了解各班加入會員的人數，還統計各班的會員人數，並將會員人數公告在學校公布欄，每個班級用一個熱氣球圖案代替，上面寫著導師姓名以及該班參加的會員人數，會員人數多的班級就可以「move up up up」的往上升。這個方法除了可以統計各班參加 PTA 的人數之外，我想也可能會造成導師一點點的壓力，畢竟，各班的會員人數一公布，各班參加人數就一目瞭然，由此也可以了解各班家長參與 PTA 是否踴躍。

　　還有更酷的，PTA 為鼓勵學生以及家長參與會員以及捐款給學校，按照捐款的不同，學生有不同的「待遇」，例如：加入會員，就可以參加某項活動，如果還有捐款，可以參加更多活動，捐的錢越多，可以參加的活動就更多。我記得有一項 Crazy Money 活動，捐贈到一定金額的捐贈者可以到一個類似電話亭的地方，裡面有吹氣的設備，會把許多紙鈔往上吹，學生可以到裡面在規定的時間內抓鈔票，抓到的鈔票都是你的（抓的是美金耶，真的很瘋狂！）當然，因這項活動的成本比較高，

所需要捐款的門檻自然也比較高。

PTA 募款活動，在公告欄公布各班參加 PTA 人數

Tim 和 Ian 班上有 22 人加入 PTA，已經快達到可參加冰棒 Popsicle Party 標準了！

PTA 募款活動，設計許多小孩喜愛的氣墊遊戲，作為捐款的獎勵

　　Rossmoor 小學除了一年有兩次 Fund Raiser，PTA 還會舉行一些類似嘉年華會的活動，例如：2018 年 1 月 27 日舉行 Rossmoor Carnival，透過販售手環和門票的方式（sells wristbands and tickets），協助學校募集資金。

　　此外，Rossmoor 小學募款還有一項 Friends of Rossmoor 的活動，提供贊助的機會。依照捐款的不同，頒給不同的獎章：

　　1. Gold Medal Sponsors：捐款 3,000 美金以上。

　　2. Silver Medal Sponsors：捐款 1,500 美金以上。

　　3. Bronze Medal Sponsors：捐款 500 美金以上。

　　看到這些捐贈辦法，發現老美真的是有夠資本主義、商業化的，針對上述這三種不同捐款等級的贊助者，有不同的捐款要求，但也有不同的「待遇」。以獲得金牌的贊助者而言，他（她）是 STEM Lab program 一年的贊助者，至於「待遇」或「好處」方面，主要是可以刊登廣告、公司簡介或署名在學校的一些通訊文件或網頁上，也就是告訴家長或社區民眾，「摳摳」不會是白捐的！學校或 PTA 會給予一些「回饋」，這真的是把「社會交易理論」發揮到極致！從這裡也可以發現，這種募款方式如果是在臺灣，一般常見於大學的募款，中小學甚少如此辦理，但在美國，居然連小學也玩起這樣的募款方式，真的不得不讓人佩服，小學 PTA 真的是上窮碧落下黃泉，殫精竭慮想出各種募款的招數。但我也感受到美國小學 PTA 的精明之處，充分了解到商人的想法，透過誘因讓商人願意掏出口袋的錢，讓商人不僅是透過捐贈協助學校辦學，也因此搏得一個好名聲，說不定，還可以透過捐贈抵稅，真是一舉數得！

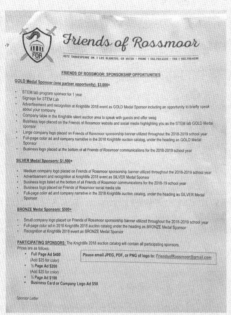

PTA Friends of Rossmoor 的活動

2. 結合教學或學習活動，進行募款

　　印象最深刻的，是學校在開學前有發一張通知單，上面除了提到返校日、開學的日期，以及相關注意事項外，還附上一個販售文具的企業網站，告訴家長可以在上面購買文具，如果在該網站購買文具，該網站會回饋 5 元美金給學校。看到這樣的合作模式，當下不免用很「臺灣的視角」看待，覺得學校竟然在通知單上「公然推薦」販賣文具的網站，是不是太過「直接」？會不會太「超過」？會不會被家長投訴與廠商勾結？不過，我馬上換位思考，這裡是美國，不是臺灣，不能「戴上臺灣特有的眼鏡」來看待美國小學的募款活動。事實上，整年看下來，學校與企業或商店結合的募款活動持續不斷，早已見怪不怪。我想，也許就是美國資本主義的傳統，以及家長願意捐贈給學校的傳統與習慣，造就這樣的募款活動。

類似結合教學活動進行的募款活動還有：有一天學校發笛子給學生，並發表格給家長，建議家長能捐贈 6 美金（天哪！連發個笛子都不忘鼓勵家長捐款？）還有一次，發給每位學生一本數學教材，也希望家長能踴躍捐款；3 月時學校配合學生的閱讀活動（Read-a-Thon），也進行募款活動。學生可以上網登錄閱讀分鐘數，並上網購買獎品。3 月底時，校長甚至發電子郵件，告訴家長全校學生已經閱讀超過 13 萬分鐘，而且學校已經募到超過 9,500 美金！

Rossmoor Read-A-Thon: Prizes must be purchased by 3/20/2018

Thank you all for making our Read-A-Thon a huge success! Our students have logged over 130,000 minutes of reading and we have raised over $9,500.00!

Even though the Read-A-Thon has closed, the site will remain open until TUESDAY, March 20th for parents to log on and help their students select prizes for those who raised money. To select a prize, go to your student's webpage and click on the "Shop/View your prizes" tab to get to the online store. Prizes must be purchased no later than 3/20/18.

鼓勵家長捐贈以支持音樂課（直笛）的捐贈袋

學校行事看板提醒家長 Read-A-Thon Fundraiser 的募款活動

3.與企業或商店合作進行募款，創造雙贏

雖說 PTA 一年有兩次大型的募資活動，但事實上，募款是一波波，貫穿整個學年。其中，冬季也有募款活動（Winter Fundraising），而且也結合企業或商店的活動。例如：學校與美國有名的 See's Candies 合作，透過巧克力的販售，其中的銷售金額有一定的比例回饋給小學。

類似的活動非常頻繁，例如：配合下學期的 Open House 活動，學校想出一個「Ameci's Night！」活動，鼓勵家長與孩子到 Ameci 這家店用晚餐，用餐金額的 20% 會回饋到學校；學生與家長到美國著名的墨西哥捲餅店 Chipotle 用晚餐，出示廣告傳單，就會回饋 50% 的金額給 PTA。學校 PTA 甚至跟全球知名的 Amazon 合作，從 3 月中到 3 月底，只要家長到 Amazon 消費，就可以得到 3 倍的回饋。

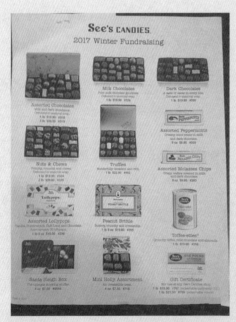

PTA Winter Fundraising 與巧克力企業 See's Candies 合作

PTA 與著名墨西哥捲餅店合作，進行募款活動

4.辦大型活動進行募資

Rossmoor 的募資活動，可以總結爲「蠶食」與「鯨吞」兩大類型，上述與企業或商店合作的方式，參與人數不易預估且金額比較少，屬於「蠶食」類的募款活動；而定期辦理的嘉年華（Carnival）活動，則屬於「鯨吞」類型的募資活動。

這一類 Carnival 活動，爲方便家長或社區民眾參加，會選擇在星期六進行。這些嘉年華活動有點像臺灣的園遊會或夜市，學校會設計各類活動，例如：氣墊式溜滑梯，每項活動都有標價（每項 1 至 2 美金或更多），另外，也有販售各種飲料或食物，例如：汽水或熱狗。

學校會販售手環（Wristband），手環的價格比單項活動來得貴（每個手環 20 至 30 美金），但買一個手環就可以玩所有的遊戲或活動，如果待的時間比較久，買手環 CP 值比較高，會比較划算，當然，荷包也會一次失血得比較快。

Rossmoor 小學 2018 年 1 月的嘉年華活動宣傳布條

5. 全校總動員，進行募款活動

Rossmoor 的活動，不只是校長或 PTA 在進行，發揮到極致的，則是全校總動員進行募款。例如：下學期時，學校安排校長與教師至麥當勞當一日店員，擔任櫃檯點餐人員或送餐人員，家長與學生則在下午至晚上的特定時段內至這家麥當勞用餐，用餐金額會有一定比例回饋給學校。

6. 結合書展，進行募款活動

Rossmoor 小學每學年都會辦理幾次書展，當然，學校也會結合書展進行募款。家長與學生在書展買的書籍，同樣會有一定比例的金額回饋給 PTA。我們全家利用放學後到書展會場，一方面看看美國小學的書展跟臺灣有何不同？另一方面，全家人都買一本自己喜歡的書籍。後來我才知道，可能因為書籍金額有些比例要回饋給 PTA，所以書籍會賣得比較貴。不過，我想透過書展除了購買一些精神食糧之外，也可對於學校辦學募款有所回饋，雖然金額沒有很多，但也算是一舉兩得。

Sylvia、Tim 和 Ian 在 Book Fair 紅布條前合影，每人手上都拿著購自書展的書

Sylvia、Tim 和 Ian 在 Book Fair 會場前合影

7. 發揮創意巧思，進行募款

　　Rossmoor 對於募款活動，眞的可謂是挖空心思，發揮各種創意募款。其中有一項很有創意的活動「Teacher Time」！這個活動提供一個機會與時間，讓每班一至兩位學生與自己的教師或學校教職員有機會進行活動。以四年級爲例，學生購買抽獎券（raffle tickets），抽獎結果每班有一名學生可以跟自己的教師一起到保齡球館打保齡球；五年級則可以跟教師到電影院看「熊貓」電影。

　　學生到網站上購買抽獎券，一張抽獎券 10 美金，一次買三張有優惠只要 20 美金，最多一次買 50 張 100 美金，等於是買越多，折扣越多，每張抽獎券平均費用越低，學校則在 4 月 20 日公開抽獎。

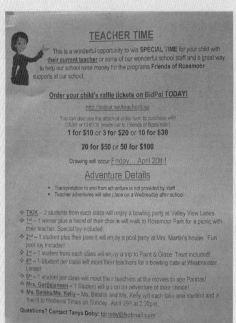

Teacher Time 通知單

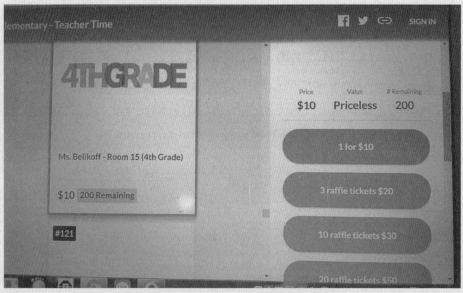

從活動網站上，可以看到各班導師剩餘的抽獎券還有多少張

從 Rossmoor 小學整年持續不斷的募款活動，大致可以得知美國政府給予小學的經費並不充裕，學校為了校務運作順暢，以及開設多元的課程或活動，必須想盡各種辦法進行募款活動。這些琳瑯滿目的活動，可以給我們臺灣的中小學，甚至大學很多募款上的啟示或省思：

1. 捐贈給學校是一種風氣、一種習慣，甚至於一種文化

從 Rossmoor 小學密集的募款活動，可以了解捐贈給學校已經是家長或社區民眾的一種習慣、風氣，甚至是一種文化了！相較於美國小學的 PTA，臺灣的中小學也都有家長委員會的組織，且家長委員都要負擔捐款的任務，家委會的經費是學校辦學很重要的一筆經費來源。臺灣與美國小學的募款方式各有不同，但各有優點，從美國小學的募款方式與活動，給我們一個很大的啟示，那就是必須鼓勵家長或社區民眾捐款給學校，並使其成為一種風氣或文化，特別是在經濟不景氣成為常態的今日，政府財政面臨困境，能夠給予學校的辦學經費日益減少，不論是中小學或大學更須強化募款的活動。其次，在臺灣，雖然家長或民眾捐款人數不少，但不可否認有很大的比例是捐給廟宇「蓋新廟、塑金身、打金牌」，流向學校的金額相較之下少得很多。未來政府宜持續透過強化獎勵或抵稅措施，鼓勵家長或民眾捐資給學校辦學，使其成為一種文化或風氣，對於學校辦學更有助益。

2. 美國小學積極的募款活動，給中小學與大學募款的啟示

從 Rossmoor 整學年「連貫密集、連綿不斷、排山倒海」的募款活動來看，真的是令我相當佩服（雖然到後來看到捐款活動都有點麻木，真的有點累了，而且口袋也越來越淺）！以 Rossmoor 這所小學的規模來看，全校教職員人數並不多，行政人員僅有一位校長、一位辦公室職員、一位健康中心人員，以及若干位服務員（負責割草與相關庶務），另外，全職教師人數 10 多位、學生人數將近 700 人。以這樣小規模的

教職員人數，募起款來可說是精銳盡出，全校總動員，投入全校人力，外加 PTA 的協助與支持。這樣的募款方式，可讓臺灣的中小學甚至大學仿效學習。以國立大學爲例，五項自籌收入之一便是募款，但令人汗顏的是，募款的活動、頻率或力道等等，完全不及這間小小的美國小學，一比較就完全「輸了」。當國立大學面對教育部每年只給約一半的經費，另一半要自籌的情況下而迭有怨言，不如逆向思考，自我省思是否投入足夠的心力進行募款，見賢思齊，積極強化各項募款活動，以充裕經費。

3. 嘗試與企業合作進行募款

在臺灣，公立學校在進行各項活動時，必須跟企業或商店保持適當的距離，「有點黏，但又不能太黏」，否則可能會被扣上「勾結廠商」或是「圖利廠商」的大帽子，這可能是社會文化使然。但反觀美國，不同的文化與傳統，小學的募款活動與企業緊密結合，不論是在地的小商家或餐館，或是跨國大企業如 Amazon，都是學校募款的合作對象。未來，臺灣的中小學或大學，也可思考如何突破傳統社會文化或法規的限制，思考與企業進行募款的合作機制，讓募款的餅能夠做大。

4. 全校總動員進行活動

在臺灣，學校募款的單位可能會落在校長、總務處，或大學的祕書室或公關室，似乎跟其他處室或教師沒有太大關聯。但從 Rossmoor 小學的募款活動來看，募款完全是不分單位，不分校長或教師，而是與 PTA 結合，全校總動員進行募款。這種不分彼此，全校總動員的募款方式也顯示出大家爲了辦好教育的凝聚力與向心力。

5. 發揮巧思，進行募款

在臺灣，中小學募款大致是家長會委員捐款爲主，其次可能是利

用校慶或運動會等相關活動來進行，募款期間比較固定，募款活動也比較單一。但從 Rossmoor 小學的募款活動來看，學校可說是挖空心思，發揮各種創意，例如：辦理嘉年華活動、創造出 Teacher Time 活動，各種創意的活動紛紛出現，但只有一個目的，就是希望為學校募到更多的經費，以支持學校的各項課程或活動，這種願意發揮創意巧思的募款做法，真的值得我們好好仿效學習。

6. 不宜全盤移植美國學校的募款方式

上面談了那麼多美國小學的募款方式，其精神令人佩服，也有部分「撇步」可以學習仿效。但話又說回來，不同的土壤長出不同的植物，臺灣畢竟不是美國，某些募款措施或方法在美國可行，但在臺灣可能會遇到困難，或是被打臉。例如：Rossmoor 小學「直接」告訴或「鼓勵」家長到哪個網站上買文具，或到哪些餐廳用餐，可以使學校得到一些消費金額的回饋，但這樣的方法在臺灣應該是不可行的。因為在臺灣，早已經形成一種怕被說成「圖利商人」、「與廠商勾結」的氛圍，這可以從政府採購法、相關會計法規、相關的法院判例看出。在臺灣，各級學校、教育人員或公務人員早已被「教育」成必須與廠商「保持適當的距離」、「明哲保身」或「只求不出事」，以免惹禍上身，招致不必要的麻煩。

此外，如果要接受商人或廠商贊助，並讓企業或公司掛名或署名的方式，也必須特別小心。因為已經有許多國內外的大學案例，大學接受企業贊助，就必須接受企業的「條件」（例如：新蓋的大樓冠上企業的名稱），這樣的做法雖然可以讓大學獲益，但也導致一些教授的反對，認為這樣有失大學的格調，過度商業化，雖然使大學獲得大筆資金挹注，但也使大學某種程度上被企業綁架，或被企業影響辦學，最嚴重的是，大學商業化的結果，將使大學傳統的人文氣息蕩然無存！

　　我認為在大學高度競爭的時代，大學無法置身於社會之外，也不可能與企業完全脫鉤，適度的商業化無法完全避免，但大學教授對於學校過度商業化的批評也很有道理，這是一個大學主政者需要特別深思拿捏的兩難情境。特別是連資本主義立國的美國大學都會發生自身學校教授對於大學太過商業化的批評，而沒有資本主義自由氛圍、政府管制甚多的臺灣，更需要小心謹慎。

13

攜帶您的筆電設備
Bring Your Own Device

　　開學第一週，Rossmoor 小學就發下通知單，表示四年級實施 Bring Your Own Device（BYOD）方案。事實上這是 Rossmoor 小學所在的 Los Alamitos 學區所推動的一項計畫，校長也特別發了幾封 email 給家長說明此項計畫的目的所在。通知單上說明四年級的教師會在課程使用教學科技以培養學生在 21 世紀應具備的技能；BYOD 是一種家庭與學校的夥伴關係（home-school partnership），學生會在學校以及家中使用自己的 Chromebook，在學校時學校會提供無線網路環境。我看了學校的通知單說明，了解這個 program 大致上和臺灣的資訊融入教學或是行動學習類似，比較不同的是，臺灣的小學多使用平板，Rossmoor 小學則是使用 Google Chromebook。Tim 和 Ian 回家後有特別提到這項計畫，要我幫他們買 Chromebook 帶到學校，還表示導師有提到如果家中沒有買，教室有準備幾台 Chromebook 提供給學生使用。不過，全班 34 位學生，絕大部分都是帶自己的 Chromebook 到校，僅有少數幾位同學使用班上的 Chromebook。

　　我因為沒用過 Google Chromebook，還特地上網查了一下，才知道 Chromebook 是美國教育指定最多的筆記型電腦。我到 Amazon 網站上比價選購，買了兩台 Chromebook 給 Tim 和 Ian 一人一台。學生在開

始使用 Chromebook 前，必須由家長在使用同意書上簽名（the District BYOD Agreement/BYOD Approval and Signature Form），上面除表示學校會注意學生使用網路的安全之外，還必須輸入使用的 Chromebook 一組序號。之後，學生每次在使用前，必須輸入學校提供給每位學生的帳號與密碼，學生必須在學校的網路環境（the school net）才可以 sign in。看來，老美的小學對於資訊使用，跟臺灣相同，對於資訊安全與網路環境的維護都很重視。後來，Amazon 將兩台 Chromebook 送來，隔天起，Tim 和 Ian 每天上學除了背包，各自帶著 Chromebook 上學，看起來有點像走唱江湖的 salesperson，而背著一台筆電也給人一種很專業的感覺，感覺比起老爸還像教授！

　　因為資訊融入教學的議題，以及隨著 ICT 的進步與普及，資訊教育或行動學習一直是學校教育的重點，因此，我也特別留意 Bring Your

Tim 和 Ian 每天都背著 Chromebook 上學

Own Device 這個計畫如何實施，與臺灣的小學資訊融入教學有何不同。Chromebook 價格並不貴，Amazon 上的售價大約落在 100 至 200 美金，甚至有不到 100 美金的，平易近人的價格有助於推廣與銷售。

事實上，Chromebook 是一個平台，可以配合各科課程，選擇不同程式或軟體，比較常用的有：

1. A.R. Quiz

A 是 accelerate 的意思，R 則是 Reading，A.R. Quiz 是有關 reading 的軟體，學生閱讀一本書後，可以到這個軟體上進行線上測驗，檢視是否通過？也就是測驗學生是否能充分理解書本的內容，如果全部通過，可以累積該本書的所有字數，但如果答案有錯，累積的字數就會打折扣。A.R. Quiz 通過的累積字數是 Rossmoor 很重視的，學校會不斷地檢視每位學生到底到這個網站上做過幾次線上測驗？考過幾題？通過幾題？通過率多少？每個月都有應該達到的字數目標。

2. Reading Plus

也是閱讀相關的軟體，與 A.R. Quiz 有所不同，Reading Plus 會呈現一篇文章，學生可以自己閱讀，或是按上面的一個按鈕，會自動產生發音。閱讀完必須做大約 10 題的題目，做完題目會產生一個成績。

3. No Red Ink

這是一個名字很怪（沒有紅色墨水？）很特別的軟體，第一次聽 Tim 和 Ian 提到這個軟體，坦白講，聽了好幾次也聽不懂到底是哪種軟體（中文翻譯：沒有紅墨水，誰會想得到與文法測驗有關）？後來，我第一次看到他們回家功課有這一項，才知道是一種測驗文法（grammar）的軟體。學生可以依照教師的要求做測驗，依據文法分為很多單元，例如：時態、大小寫、名詞複數加 s/es，或動詞字尾加 d/ed

等主題,這些都是我念國中時再熟悉不過的各項題型。

從這裡也可以破除一個迷思,在臺灣常聽到別人說美國人不重視英文文法,我心裡總是有點存疑,畢竟,像我們老中學中文,還是會學一些文法或修辭學之類的。在美國從小學就開始教文法,可以發現老美對於自己的母語還是會強調要熟悉文法規則。我想,所有的語言大致上都相同,對於日常對話的「口語」,基本上都是越簡單越好,只要能溝通、能表達就好,例如:我看 Netflix 的影集,劇中人物早上打招呼,不講 Good morning!而是直接說 Morning!已經省略到連 Good 都不講,省略到連只有一個字也要省略!其次,相對於口語的是「寫作」,就不能像口語一樣,只要求聽得懂就好。要寫作,就必須言之有物(內容),也要有言之有序(有結構、有修辭),亦即要能寫出比較「漂亮」的字句,這時,文法與修辭就派上用場了。

4. Jiji(Math)

這是數學軟體,利用遊戲讓學生理解一些數學原理或公式,比較有趣。除了 A.R. Quiz 之外,Rossmoor 小學很重視的就是 Jiji,每個月都有應該完成的百分比進度,教師都會緊盯,導師每個星期寄給家長的 email 中,都會提到這星期或這個月應該達到多少進度?在 Parent-Teacher Conference 時,導師也會提供孩子在 Jiji 以及 A.R. Quiz 這兩項測驗上完成的百分比進度,並與全班平均的百分比進度做比較,從中可讓家長知道自己的小孩進度在全班中屬於領先、中等或落後。當然,認真的學生進度可以超前。不過,雖說導師盯得很緊,但 Tim 和 Ian 曾經告訴我,班上還是有極少數同學在 Jiji 的完成百分比進度很低,被導師在課堂上扣獎卡,提醒並警告在家要努力做題目趕上進度。

5. Think Central(Math)

也是數學軟體,但跟 Jiji 不同,它是用於考試,每上完一個單元,

導師就會請學生到這個軟體去做練習題。

　　Tim 和 Ian 每天背著 Chromebook 上學，每天早上的課都會使用到它，有時是配合教師各科的教學，有時候則是學生自己閱讀，例如讀完之後到 A.R. Quiz 做線上閱讀測驗。Rossmoor 小學推動 BYOD 計畫，而且能夠貫穿整年不間斷地配合教師教學與學生學習加以落實，我感到很佩服，但也感到汗顏。之所以感到佩服，是 Los Alamitos 學區裡的小學能夠很落實的推動資訊融入教學，教師的教學都能跟資訊科技緊密結合，實踐在學生每天的學習上。

　　其次，我之所以感到有點汗顏，是因為臺灣號稱資訊王國，臺灣的PC、NB、主機板或伺服器等，在全世界的市占率都是前一、二名（當然，近 10 年來，有些項目已被對岸大陸廠商超越），網路環境也算完整，具有很好發展資訊教育的硬體環境設備，以及實施資訊融入教學，但就我這幾年來的觀察，臺灣在這些年來努力推動資訊教育、行動學習或資訊融入教學，即便是得到資訊教育或行動學習典範獎的小學，似乎都沒能夠像 Rossmoor 小學一樣，教師「每天的教學」都能運用資訊科技，真正完全落實資訊融入到教學裡。

　　看看美國小學運用資訊科技的情形，反思臺灣的小學資訊教育，或許臺灣未來在推動資訊教育或行動學習這一塊，可以特別強調以下三點：

1. 強化教師運用資訊科技的能力

　　從 2001 年，也就是 90 學年度九年一貫課程正式實施以來，各縣市或是各國中小應該都已經辦理過許多場次資訊教育或資訊融入教學的相關研習或工作坊，如果研習具有成效，大多數教師應該都已具備相關知能。不過，在職教師方面，因為資訊科技日新月異，像是 A.R.、V.R.、APP、雲端等都是近幾年來較為成熟的新科技，教師還是有必要持續自我精進，參加各種增能研習。在師資生部分，這些年輕的網路原生世

代，要學習新的科技相較於年紀較大的在職教師應該更容易。君不見現在會上銀行的大都是有些年紀的人，20、30 歲的年輕人應該沒有多少人會上銀行，畢竟現在網路銀行或 APP 很方便，要轉帳或匯款只要用網路銀行或 APP 就可以，甚至於早就可以在網路上進行銀行開戶或申請貸款。

此外，就我自己在大學任教教育學程的經驗來看，現在的大學生不僅早就人手一支手機（有的學生還用 Apple 手機，比教授還捨得花錢呢！或者說比教授還有錢消費！）上課時還常常手癢拿手機起來滑（但都會被我這個充滿正義感的教師制止，因為我想進行有效的教學），這兩、三年讓我最驚訝的是，授課時出了幾個題目讓學生討論，沒想到竟看到有幾位學生直接拿起手機用網路 google，看起來似乎是不太想動腦筋，太依賴網路科技，認為直接用網路搜尋比較快。還有一個以前從來沒看過的畫面，上「教育議題專題」以及「國民小學實地學習」時，運用世界咖啡館讓學生討論，請各組選一人當記錄，沒想到現在的學生不是用紙張記錄，而是拿手機起來打字記錄，甚至連上台分享時，不是拿筆記本或紙張，而是拿著手機一邊看討論時的紀錄一邊報告。當然，還有一個場景是大家這幾年常常看到大學生或研究生拿著手機玩手遊（甚至邊爬樓梯邊玩，真令人替他擔心），或是上課時，偷偷拿起手機追劇（這是我授課的親身經歷，唉！這些學生應該是網路成癮了！）

從現在年輕的師資生行為可以看到，他們從小就是在網路的環境中長大，對於新的資訊科技應該不僅不陌生，也比年紀大的教師更容易接受，這些都是未來推動資訊融入教學有利的因素。

2.配合合適的教學軟體進行教學

從 Rossmoor 小學推動 BYOD 的經驗來看，有配合各科的軟體程式，不論是閱讀、數學、英文文法等等，教師可以善用這些軟體協助教學。而且更令人佩服的是，單單是閱讀，就有兩個軟體可以使用，

一個是屬於線上閱讀認證的 A.R. Quiz，另一個是屬於線上閱讀測驗的 Reading Plus；在數學方面，也有兩個軟體，Think Central 屬於比較「一板一眼」的線上數學測驗，Jiji 則是以「比較可愛」的遊戲化的方式與介面，引導學生建立數學概念，並運用數學的遊戲、圖形化的方式，讓學生熟悉數學的一些原理或公式，這個軟體比較適合低年級的學生或是數學學習比較落後的孩子。因此，開發各種符應教師各領域教學或學生學習的軟體，真的有其需要性。

3. 讓教師習慣使用資訊科技進行教學

談了這麼多，我想還有一個因素很重要，那就是讓教師能夠習慣運用資訊科技或相關軟體。推動資訊融入教學常遇到的困難就是教師不會用、不想用，或是不習慣使用。即使教師已經具備相關知能，還是要讓教師習慣使用，俾使藉由資訊科技的幫助，有效提高教師教學的成效以及學生學習的動機與成果。像 Tim 和 Ian 每天放學回家，常常都會自己拿起 Chromebook，針對當天導師教的內容，利用 Think Central 或是 Jiji 練習數學，而且令我高興的是，他們都會一邊做一邊討論，會的人教不會的人。當然，因為是數學，我還是要發揮「陪伴」的功能，「隨侍」在旁邊，陪公子哥讀書，針對他們的疑問協助解惑！另外，學校很重視閱讀，每天都要閱讀，所以 Tim 和 Ian 每天放學回家都會自動看書，登記在 Reading Log 上，並且很熱切的希望能趕緊到 A.R. Quiz 上做題目，希望獲得好成績能夠累積閱讀的字數。有時候，甚至放學了，他們先不去打籃球，而是坐在教室外面，利用在校園內可以連上網路，進行線上閱讀測驗。從 Tim 和 Ian 的學習表現來看，因為教師習慣使用資訊融入教學，讓 BYOD 計畫真正成為一種家庭與學校的夥伴關係（home-school partnership），也讓學習不僅在教室，而是可以延伸到校園或家庭。

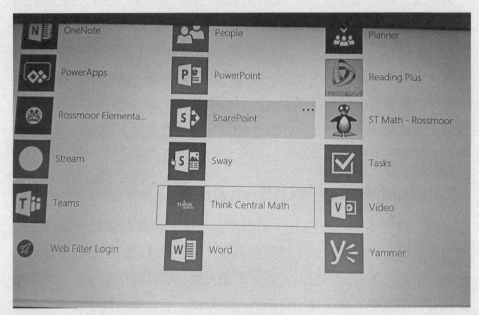

Chromebook 開機後畫面，可以看到有各種軟體程式

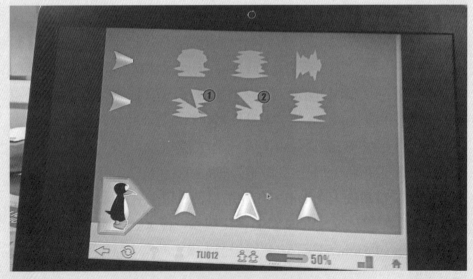

Jiji 軟體畫面——透過遊戲化的方式，教導學生學習線對稱的觀念

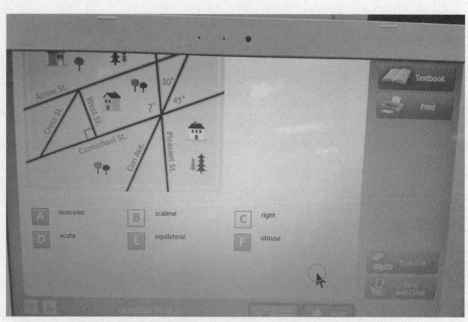

Think Central 透過實例，讓學生學習各種三角形以及角（鈍角、銳角等）

Personal Math Trainer — Unit 3 Post-Test – Homework

6 7 8 9 10

There are 105 boys and 108 girls signed up for a volleyball league. The coaches first make teams of 9 players and then assign any remaining players to make some of the teams have 10 players.

How many teams of 10 players will there be?

There will be [   ] teams with 10 players. I added 105 and 108 to get [   ]. Then I divided the sum by 9 to get [   ] R [   ]. There were [   ] players left over to assign, so each of [   ] teams gets 1 more player and has 10 players.

How many teams of 9 players will there be?

There will be [   ] teams with 9 players. The quotient represents the number of teams that had 9 players and the remainder is the number of teams that added 1 more player. Since some of the teams with 9 players added another player, I subtracted the number of teams with 10 players from the number of teams that had 9 players. So there are [   ] teams with 9 players.

Think Central 數學回家作業，學生放學後在家練習

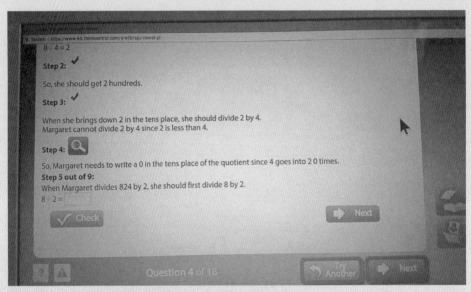

Think Central 呈現數學解題步驟，學生可以自學

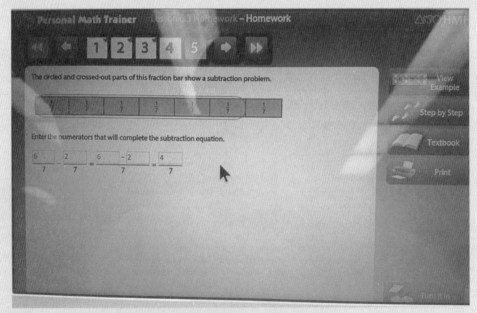

Think Central 透過圖示讓學生明瞭分數的減法過程

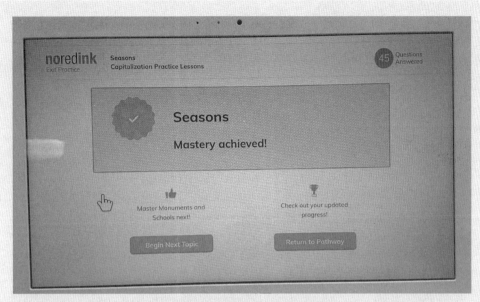

No Red Ink 完成指定單元後，顯示學生在這些單元已經精熟

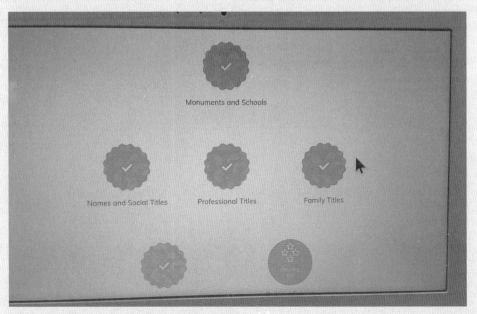

No Red Ink 學生已經完成的單元會打勾顯示

No Red Ink 文法題目舉例

14

閱讀
Reading

● 每天必做的回家功課：閱讀 25 分鐘

跟臺灣大部分的國中小相同，Rossmoor 小學很重視閱讀，也有若干推廣閱讀的活動，Tim 和 Ian 的班級，每天的家庭功課不多，但都會有一樣，就是聯絡簿上都會寫著每天要閱讀 25 分鐘，每週持續五天，並且要記載在每個月的閱讀日誌上（reading daily for 25 minutes five days a week and recording in monthly log）。學生需要在閱讀日誌上註明是在班上或在家閱讀、有無家長陪伴、日期、書名、小說 / 非小說、閱讀時間、頁數、是否到 A.R. Quiz 上做線上閱讀認證等等。

至於爲何每天要閱讀 25 分鐘，而不是 30 分鐘或 1 小時？我感到很好奇，但學校並沒有說明。我也跟中教大英語學系教授討論過這個問題，結論是大概這樣的閱讀時間比較剛好，閱讀時間不會太長導致孩子太疲累。另外，還有一個可能，在美國很多活動開始時間不像在臺灣大都是剛好整點，像是我曾帶孩子看過 MLB 美國大聯盟加州天使隊的比賽，比賽是中午 12：37 開始，非常怪的時間，不是 12：30 或 12：35 開始；晚場的比賽是晚上 7：07 開始，也是很怪的時間，不是 07：00 開始，也不是 7：05 開始。所以，我猜想或許是習慣的不同，使用時

間單位的不同，在臺灣會很習慣要學生讀 1 小時或半小時，在美國就不一定。當然，閱讀時間的長短可以做研究，分析多長的閱讀時間比較合適，或是查閱相關文獻，看看有沒有類似的研究。

Reading log

Reading log 每個月交一次，每當新月份的月初，導師 Mrs. B 即會把上個月的閱讀日誌收回，仔細查看每月學生的閱讀情形，除了上述的閱讀日誌內容之外，教師很關心學生到底進行過幾次 A.R. Quiz？總共做過幾題？通過幾題？通過率多少？也就是導師除了解數量之外（例如：閱讀幾本、累積多少字數），對於學生閱讀的品質也很重視，這可以從學生在每本書的題目通過率得知。而且導師還會在學生每個月的閱讀日誌寫上評語，例如：她就曾建議 Ian 選擇適合自己閱讀程度的書籍來看；建議 Tim 每週閱讀並記錄 5 次。

A.R. Quiz：線上閱讀認證系統

A.R. Quiz 是一個程式，類似臺灣小學的線上閱讀認證系統，差別在於一個是英文介面，考的是英文書籍，另一個則是中文介面，考的是中文書籍。學生每當閱讀完一本書，上網登錄書名，並接受測驗（選擇題），通過者（60% 以上及格）可以獲得這本書的所有字數；沒通過者則沒有辦法累積任何字數，同一本書也無法再考一次；比較特別的是，如果通過率較低，不到 100%，則累積的字數也會「打折」。從這樣的設計，可以看出其用意除了鼓勵學生多閱讀之外，也兼顧到閱讀的品質與理解，不希望學生只有衝閱讀量，忽略理解閱讀文本的內容。而每當學生累積一萬字，學校就會發一個 tag 給學生。孩子之間會互相比較，看看誰拿到的 tag 比較多？從這裡看得出來學生很重視這項活動。

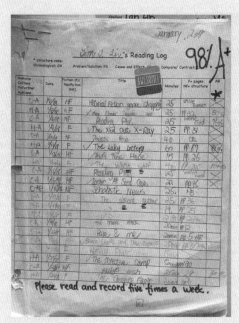

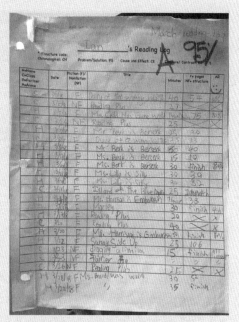

Tim 的 Reading Log（2018 年 1 月）　　Ian 的 Reading Log（2018 年 3 月）

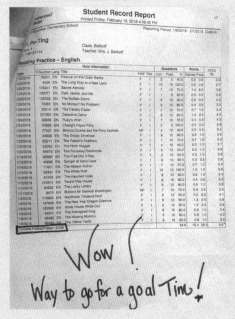

Tim 的 Student Record Report，上面清楚詳
細記載閱讀的每筆資料，最底下顯示 Tim
做過 29 題，通過 21 題。

A.R. Quiz 介面，最左邊是閱讀的書名，右邊則呈現通過幾題、正確率、分數，以及這本書閱讀的字數有多少

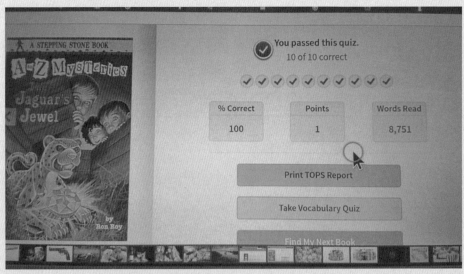

A.R. Quiz 介面，左邊是閱讀的書名 Jaguar's Jewel，畫面顯示 10 個題目全對，通過率 100%，點數 1，閱讀的字數 8,751

學生閱讀累積 10 萬字，即可得到
一個 tag

　　在導師的督促之下，Tim 和 Ian 的閱讀日進有功。至 2018 年 6 月
中學期結束時，Tim 已累積超過 100 萬字，並在學期最後一次集合升
旗時，獲得校長頒發 One Million Medal。Ian 則起步較慢，且上學期閱
讀完書籍，沒使用 A.R. Quiz 做線上測驗，無法累積字數，不過，他在
我和 Sylvia 的陪伴之下，進步神速，從原來只有 1,000 多字，到學期
末累積約 58 萬字！最重要的是，經過學校與班級推動閱讀，以及我和
Sylvia 的陪伴，Tim 和 Ian 已養成閱讀的習慣，我們常常到社區圖書館
去讀書，他們也常借書籍回來閱讀。

Reading Is Awesome！對閱讀很貼切的註解。

班級閱讀書櫃的書籍，按英文字母 A 至 Z 順序排列（字母順序越往後，難度越高）

Read on The Green

　　美國小學推動閱讀似乎不像臺灣的小學那樣，有各式各樣的措施或活動，還有各項獎項，例如：閱讀磐石獎、閱讀推手教師等等，琳瑯滿目，目不暇給。Rossmoor 小學最重視的就是孩子每天要閱讀 25 分鐘，以及頒給閱讀累積達 100 萬字的學生閱讀獎章。不過，Rossmoor 小學偶爾也有閱讀相關活動。

　　3 月底學校利用星期五下午 1：45 至 2：05，舉辦「Read on The Green」，乍看這個活動名稱，不是很了解「on the green」是何意？到了當天，我跟 Sylvia 在 office 登記後，才知道原來是要進入班級與自己的小孩一起閱讀。特別的是，當天是陰天，沒有陽光，非常的舒適宜人，只見大部分的家長和自己的孩子都跑到外面，坐在教室外草皮上一起閱讀書籍。放眼望去，四年級三個班級教室外綠油油的草地上，每個家庭三三兩兩的坐在一起閱讀，別有一番風情。這個閱讀活動只有 20 分鐘，之後就結束放學了，時間雖然短暫，活動也很簡單，沒有什麼挖空心思的特別之處，但親子和樂融融的閱讀景象，讓人回味再三！

Read to a Dog

　　除了小學推動閱讀之外，社區圖書館也常常有閱讀相關活動，而且配合不同年齡層有不同的做法，最特別的是，5 月份圖書館推一個「Read to a Dog」的活動。乍看此項活動名稱，我心裡覺得實在很特別，但也覺得很 crazy！雖然來到美國，深刻體會到老美真的很愛狗（整年都沒看到任何流浪狗），但讀書給狗聽，這還是我第一次聽到，而且馬上聯想到跟「對牛彈琴」是否雷同？（中國古有對牛彈琴，美國今有對狗唸書。）不過，秉持相同的信念，來到美國就儘量入境隨俗，多參與這裡的活動，於是就請 Tim 和 Ian 到櫃檯去登記。

　　到了活動當天，因為聽說小狗還沒到圖書館，而且我們是預約到第

二組，就先邊看書邊等待，我請 Tim 和 Ian 先準備好要閱讀給狗聽的書籍。不久之後，圖書館員來找我們並將我們引導到一間會議室，哇！原來裡面已經有三隻狗，而且有兩隻狗因前一位閱讀的孩子已經讀完，正在休息中。我請 Tim 和 Ian 自己分別找一隻小狗，並坐在小狗旁邊。我先陪 Tim，請他先跟坐在小狗旁邊的主人打聲招呼，自我介紹我們來自臺灣，並問她的小狗名字。小狗主人是位女士，人很和善，她表示很高興認識我們，也很高興 Tim 報名參加這項活動。之後，Tim 就開始「對狗唸書」了，Tim 讀得很認真也很流利，旁邊的狗主人女士始終保持微笑，我禮貌上客氣地問她是否可以拍照？她很大方表示 OK。我在 Tim 旁邊，一邊聽他唸得如何，另一方面不免注意這隻狗的動靜。Tim 一邊唸書，也伸出手撫摸這隻小狗。我看見小狗坐在地上，乖乖地聽 Tim 唸書，不過，牠剛開始還伸長脖子，中途，偶爾會左右張望，最後，可能因為「聽不懂人話」，乾脆趴在地上休息。

陪了 Tim 一陣子，我趕緊移動到 Ian 旁邊，跟 Ian 身旁的這位小狗主人打聲招呼。這位女士她一邊聽 Ian 唸書，一邊稱讚 Ian 唸得很好，偶爾，Ian 遇到比較不會唸的單字時，她會熱心的示範唸給 Ian 聽。Ian 在唸書時，有時也會伸出手來輕輕撫摸（pet）這隻小狗，小狗同樣的溫和柔順。原本圖書館是設定每位小朋友唸 20 分鐘的書給小狗聽，不過，因為順序在後面的小朋友還沒到，Ian 就繼續往下唸，最後，Ian 欲罷不能，居然整整唸了兩本書！

Tim 和 Ian 最後都順利完成唸書給小狗聽的活動，完成時，這兩位女士都給他們幾張書籤，上面有她們小狗的照片與名字。Tim 和 Ian 迫不及待拿給我和 Sylvia 看，看得出來今天的活動對他們不僅很新奇，畢竟在臺灣從來沒遇到過，而且，Tim 和 Ian 原本就很喜歡小狗，今天的「Read to a Dog」活動，也滿足了他們喜歡小狗、想要接近小狗的願望。整個活動雖然時間不長，但卻新奇又有意義！

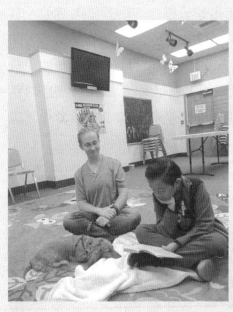

Tim 和 Ian Read to a Dog

IN-N-OUT 推廣閱讀活動

　　除了 Rossmoor 社區圖書館分館推廣的閱讀活動之外，該圖書館也
與加州最有名、每次都要大排長龍的 IN-N-OUT 漢堡店合作，推廣閱
讀活動。學生只要閱讀滿五本書，寫上書名經家長認證簽名後，即可在
IN-N-OUT 免費兌換一個漢堡。值得一提的是，在來美國之前，我對於
漢堡店大概停留在麥當勞、溫蒂、漢堡王等幾個品牌，沒想到第一次到
IN-N-OUT 用餐，我們全家就愛上它了。不僅是因為它的價格比麥當勞
便宜、員工和善始終面帶笑容，而且更重要的是它標榜為了口感不使用

冷凍牛肉，所以牛肉口感就是比較新鮮好吃，再加上生菜清脆、番茄新鮮、薯條口感亦好，所以我們全家每個星期都會去報到享用一、兩次。既然 IN-N-OUT 跟 Rossmoor 社區圖書館分館合作辦理這個活動，且 Tim 和 Ian 原本就很喜歡 IN-N-OUT 的食物，他們小兄弟自然很努力閱讀。我在想，透過獎勵活動鼓勵孩子多閱讀，順便可以享用美味的免費漢堡，不僅有助於孩子閱讀，幫助社區圖書館推廣閱讀活動，也讓 IN-N-OUT 做了一項很好的外部行銷活動，同時善盡企業的社會責任，這樣的異業結盟，創造了三贏的局面，不得不令人佩服！

IN-N-OUT 閱讀五本書兌換免費漢堡的小冊子

15

100 萬字獎章
One Million Medal

Rossmoor 小學很重視閱讀，導師 Mrs. B 給學生每天的回家作業並不多，但總是會有一項：每天閱讀 25 分鐘（reading daily for 25 minutes five days a week and recording in monthly log）。學生必須每天閱讀 25 分鐘，並登記在 Reading log，每個月交一次；同時，學生必須到 A.R. Quiz 選擇閱讀完的書名，並接受測驗（選擇題），通過者（60% 以上）則可以獲得這本書的所有字數，沒通過者則沒有辦法累積任何字數，同一本書也無法再考一次，如果通過率在 90% 至 60% 之間，該本書可以累積的字數則要打折扣。

Tim 想得到 One Million Medal

大約 2018 年 3 月時，Tim 已累積約 30 萬字。當時他跟 Ian 正迷著玩具槍 Nurf Gun，兩個人還常到 Amazon 上瀏覽，想要買來玩。Tim 問我，如果他能累積到 40 萬字，能否買給他和 Ian 一人一把 Nurf Gun？而且他想要努力達到 100 萬字的閱讀量，上台接受校長表揚頒發 One Million Medal。我答應他如果達到，可以買玩具槍，希望能給他們更多閱讀的動力；至於 100 萬字的目標，我乍聽之下覺得難度很高，因

為 Tim 才累積 30 多萬字，而 Rossmoor 小學比臺灣的小學要早休業式，6 月 14 日就是學期最後一天了，這樣能夠閱讀的天數就更少了，更何況不能讀到 6 月，大約 5 月底就要達到目標，這是因為學校要訂做 medal、還要通知家長升旗時來觀禮，也需要時間作業。但是，身為父親的我告訴自己聽到孩子有這樣的雄心壯志，不僅不能潑他冷水，跟他講這完全不可能，反倒是要給 Tim 信心，協助他完成這樣的目標，即便是目標訂得很高。

有了想要買玩具槍的目標，兩兄弟閱讀起來就更起勁。Tim 原本就喜歡閱讀，而且他有一個習慣，閱讀時很少查字典，不過，我告訴他，如有相同的單字一再重複出現，代表很常用且很重要，請他一定要查字典，了解字義與其他用法。

就這樣，沒多久，他就已經達到 40 萬字了，Ian 也達到我跟他約定好的閱讀字數目標，我依照約定讓他們在 Amazon 網站上各買一把玩具槍，看他們倆玩得不亦樂乎，還玩起角色扮演，一個扮演警察，一個則扮演歹徒，不僅玩起射擊，扮演警察的還將扮演歹徒的壓制在地上，真是有趣！

● 日進有功！Tim 完成 100 萬字的閱讀！

Tim 每天按照自己的步驟閱讀並做紀錄，且上網做閱讀評量，有時連放學後也不先去打球或玩耍，而是先拿著 Chrome 筆電把昨天讀完的書籍，趁著記憶猶新趕緊做線上閱讀評量。後來，他開始閱讀比較大本、比較厚的書籍，因為他跟 Ian 以及其他同學討論過，閱讀大本書籍後通過評量，一次就可增加好幾萬字，「比較好賺」。後來，也是同學之間聊天的關係，他開始閱讀「Harry Potter」，還到社區圖書館借了好幾本來看。就這樣，他每天按部就班，持續不斷閱讀，即便有時候我們晚上在看美國的電影 DVD，他都不為所動，看自己的書。就這樣，僅

用了約二個月的時間，到 2018 年 5 月中時，Tim 已累積約 91 萬字，離目標是愈來愈近了！

到最後，Tim 把最大本的「Harry Potter」讀完且通過閱讀評量，他終於達到目標 100 萬字了！

參加 Assembly，校長頒 One Million Medal 給 Tim

不久，我收到校長寄來的 email（如以下英文 email），提到 Tim 已經達到 100 萬字的閱讀量，請我們 6 月 8 日參加早上的升旗，會舉辦頒獎儀式。6 月 8 日這天，我跟 Sylvia 一起走路陪 Tim 和 Ian 上學，之後就跟著進入校園準備參加 Assembly，可能是因爲要頒獎的緣故，各班教室外面已經聚集許多家長想要觀禮，我們還遇到 Sylvia 之前在社區圖書館認識的、同樣來自臺灣的媽媽佳甄。這是我們第二次參加 Rossmoor 小學的 Spirit Assembly，但美國的小學升旗仍舊讓我很不習慣，因爲跟臺灣小學的升旗很不一樣。這裡沒有「向前看！向右看齊！」整隊的口令，也沒有總導護老師訓話的聲音，甚至於連「司令台」都讓我看了很不習慣，因爲一點都不像司令台，僅是一個有三個台階的平臺。

Congratulations!!!! Our Last Million Word Medals for the Year

Dear Rossmoor Family,

Congratulations, your reader has earned their first, or another, million word medal! We will be celebrating this accomplishment at our last Friday Spirit Assembly that starts at 8:00 AM. You are invited to join us for this celebration and a quick medal presentation. Sssshhhhh, keep it a secret, the children LOVE being surprised when their name is called.

Thank you and please let me know if you have any questions! See you Friday!!

Warmly,

Amy Belsha, M. Ed.

Principal

　　可能是因為今天是這學期最後一次升旗的關係（校長在 email 有提到這次是 the last assembly of the school year），感覺氣氛很輕鬆歡樂，而且更沒想到校長竟然播放起 Pop Songs，許多學生隨著音樂聞樂起舞、扭動肢體，甚至好幾位老師與家長也跟著音樂起舞，lower grade students 甚至玩起兔子舞。這樣的場景如果不是親眼看到，實在很難想像這叫升旗？如果以臺灣教師或家長的眼光，可能會覺得太吵雜、無法接受，但我想美國就是美國，或許這就是美國小學教育的特色吧！

Tim! I am so proud of you!!

　　經過行禮如儀唱美國國歌以及宣示之後，校長開始上台一一唱名，我跟 Sylvia 也趕緊卡位希望占到一個比較好的拍照角度。當校長念到 Tim 時，Tim 邁開步伐、小跑步上台接受表揚，校長親自幫他掛上 medal，還跟大家合照留念。當 Tim 回到班級時，導師 Mrs. B 還跟他擊掌慶賀，看得出來 Mrs. B 也很為 Tim 感到驕傲。看到這樣的頒獎過程，我跟 Sylvia 感到非常非常高興（雖然我沒有老淚縱橫）！佳甄說我們來不到一年，Tim 就可以拿到 One Million Medal，真的是不容易！Tim 從一開始不是很流利的英文，到現在對答如流，甚至可以看整本的「Harry Potter」，Tim 真的是太棒了！我心裡只有一個感想，Tim 的潛力真是無窮，想當初，我聽到 Tim 想拚 One Million Medal 時，直覺難

度太高了！沒想到經過努力再努力，Tim 眞的做到了，回家後，我忍不住模仿導師的口吻告訴他：Tim! Great work! I am so proud of you!!

　　今天的表揚，我也看到很多美國小孩表現優秀，有些學生已拿到第 10 幾個，甚至第 20 個 Million Word Medals。天哪！2,000 萬字耶！閱讀量實在驚人，感覺連睡覺都在閱讀，呵呵！

Tim 上台接受 One Million Medal 表揚（Tim 是第一排中間黑色 Nike 衣服，未戴帽者）

Tim 上台接受 One Million Medal 表揚
後，回到班級與導師擊掌慶賀　　　　　Tim 得到的 One Million Medal

● Ian 閱讀累積字數進步神速

　　另外，Ian 也曾告訴我他也很想拿到 One Million Medal，他要跟哥哥看齊。但因為起步太慢（我記得 2018 年 3 月中跟 Mrs. B 會談時，Ian 才大約 1,600 字），無法達到目標，很可惜無法上台，否則，對他而言，一定能得到很大的肯定與認同。雖然 Ian 沒拿到 medal，但自從 3 月 12 日 Parent Teacher Conference 我跟 Mrs. B 會談後，我覺得之前忽略了 Ian 的 reading，經過思考，我放下我的研究工作，也暫時不寫 Paper 了，開始了為期兩個月左右，有點辛苦的陪公子哥讀書歷程。我不僅陪讀，還會常常進行形成性評量，問 Ian 這個字或片語是什麼意思？這段在講什麼？或是問比較高層次的問題，問他如果他是作者，遇到這種情形，他會如何處理？

經過兩個月的陪伴與努力，我發現 Ian 有了改變，開始愛上 reading，每天放學後回到家會想要 reading，自己自動拿起書來靜靜的閱讀，他還很可愛的告訴我：「爸爸您不用陪我，我有問題再問您。」

他除了每天閱讀，每星期也認真的考 A.R. Quiz。至 2018 年 3 月底，Ian 進步神速，已累積約 4 萬字；到了 5 月中，Ian 更累積了約 38 萬字，一直到學期結束，短短三個月 Ian 已經累積 53 萬字！這真是令人驚異的進步！我告訴 Ian，因為我們 6 月底就要回臺灣了，無法繼續在這裡讀小學，無法繼續累積閱讀量，很可惜他沒機會得到 One Million Medal，不過，這幾個月他的努力，爸爸或媽媽都看在眼裡，他的進步我們都深刻感受到，他已是我心中的「最佳進步獎」！在我的心裡，以一個外籍小學生的角度來看，他已經可以得到 medal 了！

孩子的進步需要父母長期的陪伴！

這次孩子努力想要得到 One Million Medal 的過程，讓我親身參與一項「教育實驗」，我看到了孩子努力不懈的精神與態度，也看到孩子真真切切展現進步的成果。這過程對我而言，不諱言有點辛苦，但結果再次印證一句話：孩子真的是需要大人「陪伴」！家長對於孩子真的是要有信心！另一方面，就如十二年國教的實施希望學生能「自主學習」，但從這次陪伴孩子的過程中，可以發現自主學習不是完全放手不管，而是需要家長比較長期的陪伴。只要你願意陪伴與付出，對於孩子始終保有信心，孩子的進步會讓你相當相當的感動！也會留下很美好的回憶！

16 教學與學習
Instruction and Assessment

　　美國小學的教學，與臺灣的小學有很大的不同處，這一年觀察美國小學教育，讓我看到美國小學教師教學的許多特點，這些經驗不僅可以作為我在中教大教育學程授課的補充資料，也讓我對師資培育有不同的理解。以下針對這些不同點加以說明。

美國小學具有助理教師的編制

　　Tim 和 Ian 在美國念 Rossmoor 小學一年，我仔細比較臺灣與美國小學的差異，在教學方面最大的差異是，臺灣的小學每個班級都有一位導師，負責國語、數學、社會、自然等幾個領域的教學，每個班級還有幾位科任教師，負責科任課的教學。除了教師採班群教學或協同教學之外，每堂課只有一位教師負責教學，教室不會有其他教師。但在 Rossmoor 小學，不同的是，每天早上的課程除了有一位導師 Mrs. B 之外，還會有一至兩位助理教師在課堂上協助 Mrs. B。這幾位助理教師並沒有負責主要的教學，而是透過給予學生個別指導、巡視行間等方式協助導師。有時候，導師尚未到校時，助理教師因比較早到，也會協助維持秩序或看顧學童，或者協助輔導特殊教育學生。

　　我對助理教師的配置感到很好奇，特別請教當地的小學教師，原來在編制上主要教師必須具有教師證，是全職的（Full-Time），而助理教師則屬於兼職（Part-Time），並沒有要求要有教師證，且不須整天都待在學校。這也難怪，Tim 和 Ian 提過好幾次，他們班上的助理教師中午或午餐後就離開學校，有一位還要趕到 Disneyland Theme Park 去工作。

　　我覺得美國小學有助理教師的配置，應該是一個臺灣的小學未來可以思考研議的方向（當然，若要仿效需要有許多配套措施）。以臺灣現行的小學教學方式，都是只有一位教師負責教學（除非班上有實習教師可以協助），但同樣一個班級，學生學業成績落差甚大，教師僅能以大多數學生的程度來進行教學，學習領先或學習落後的學生很難得到適合其程度的適性教學，特別是學習落後的孩子。雖然教育部推動差異化教學多年，但細察現行國中小教學現況，以目前一堂課一位教師教學的情形而言，要照顧到全班 10 至 20 多位學生，有多少位教師能以一己之力真正做到差異化的教學（不同教學進度、教材、評量）？如果能有助理教師的編制，當一位教師在進行教學時，另有助理教師能巡視行間到各組或學習落後的學生旁邊，給予必要的指導（類似課中補救教學的概念），相信學習落後的學生能得到「立即的支持」，而不至於像目前的情形，有不懂或不理解的地方，但可能孤立無援、沒辦法得到教師的講解；或者還要等到下課之後，才集中在補救教學班級再進行補救教學，時機上已經晚了。當然，這種配置助理教師的教學模式，牽涉到法令、經費、教師教學習慣的改變等等，茲事體大，必須從長計議。

● 美國小學教師授課的高自主性

　　美國小學教師授課的自主權，比起臺灣的小學教師要大得多，而且有些不同點讓人感到訝異！在臺灣，小學教師都被要求要正常教學，必須按表操課，如要調補課必須經過申請程序（事實上，中學與大學教師

也是），但在美國小學情況則不同，教師擁有很大的自主決定權，雖然教室貼有課表，但教師不會很嚴謹的完全按課表上課，有時也會做一些調整。Tim 和 Ian 也曾告訴我，有時導師會在早上一開始，將課表做一些調整，並告訴學生今天的課程科目順序。

非固定式的課表、無期中考或期末考

臺灣的小學班級課表是結構式的，每節課是 40 分鐘，中間有 10（或 20）分鐘的下課時間，教師要按照進度教學，無法隨意調動課程，另外，還有期中考及期末考以檢視學生學習成效。反觀美國，小學並沒有固定式的課表，教師有很大的空間和時間來安排上課的進度和流程，所以，每天上什麼科目都由班導師決定。這樣的做法優點是教師有很大的教學自主空間，可以依學生的程度進行適性教學。其次，在加州只有教師平日的小測驗，或教師根據學生的表現進行評量，沒有所謂的期中

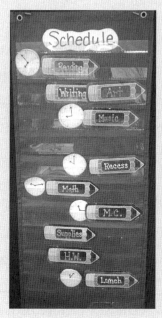

Room 15 班級課表

考或期末考，只有加州的州測驗（State Test），因此，無論是教師的教學或學生的學習，感覺比較正常，比較沒有趕進度或考試的壓力。這或許就是為什麼很多人都說美國是小學生的天堂，就是因為少了段考的壓力，也難怪聽到身邊許多朋友說，小孩到了美國，非常自由快樂，都不想回臺灣了！套一句老話：「很多事情是美好的，但遇到考試，都變調了！」

我觀察導師 Mrs. B 的教學大致有幾項特點，值得學習：

1. 高層次、跨領域，與生活結合的語文作業

2017 年 8 月 30 日，開學才 3 天，就遇到 9 月 4 日勞動節（Labor Day）連假。特別一提，跟臺灣固定 5 月 1 日勞動（工）節不同，美國的勞動節是在每年 9 月的第一個星期一，是聯邦的法定假日，用以慶祝工人對經濟和社會的貢獻。因為是星期一放假，連著星期六、日，剛好就是 3 天連假，Mrs. B 出了一項很特別的功課，一張大海報大小的作業，主要是和閱讀有關的。它像是一張大報紙，標題是「The ＿＿＿ Times」，可以在底線上加上自己的姓名，例如：The Ian Times 或 The Tim Times。上面有標題「Extra! Extra! Extra! Read All About Me」。這份作業主要是請學生模仿記者做一些個人生活中發生的重要事件、曾閱讀過的書籍、該書籍作者的介紹等等。以下簡介這份作業的幾個欄位：

第一個欄位是「My Exclusive Story Told Here for the Very First Time」，副標題是「Write a News Story about an Important Events in Your life. Be Sure to Include who, what, where, when, why, and how」。從這個欄位可以知道，因為是四年級的學生，導師希望同學能從自己生活中發生的重要事件練習寫記敘文，而且還不忘強調要包含 5W1H。從這裡可以發現導師希望讓學生能夠運用課堂上所教的 5W1H 在回家功課上。

左上角有一個小欄位，寫著「Draw a picture or paste a photo of

yourself here, then write a caption」，這個欄位結合美勞與語文，學生除了要能畫圖，還要下一個精簡的標題加以描述。

左下角的欄位「Meet My Hero」，小標是「Write a mini-article about a person that inspires you」，這個欄位也是結合學生的語文素養與美術素養，請同學寫出一段小文章，介紹一個英雄，說明這個人如何的鼓舞你；右下方一樣可以讓學生畫圖。

右下角的欄位「Critic's Corner: The Best Book I Ever Read!」除了寫出 Title 與 Author 之外，學生還要寫出「My Mini-review」，並且給這本書幾顆星「I Give This Book ＿＿ Stars!」這個欄位很明顯的是需要比較高層次的認知能力，除了說明書名與作者之外，學生還必須寫出簡短的評論。

這份作業發下來，苦了 Tim 和 Ian，其實，應該說更是苦了我。因爲初來乍到，剛到美國才一個多月，而且才剛開學 3 天，Tim 和 Ian 雖有讀 ESL 3 年的基礎，不過，距離要能順暢的聽、說、讀、寫還是有一定的困難，只能靠我這位老爸了！但仔細想想，這份作業不是簡單的只需要低層次能力的寫寫英文字彙即可，有很多內容是要描述、介紹，外加需要比較高層次能力的評論，我要如何教他們寫出這一大張作業的每個欄位？而且還要一次教兩個孩子耶！也就是 Tim 和 Ian 兩人的內容不能相同。不過，遇上就遇上了，就當作是一種「快速成長」的學習吧！

我先跟 Tim 和 Ian 一起討論，每個欄位他們想要寫什麼內容？譬如「Write a News Story about an Important Events in Your Life」，因爲 8 月初我們剛到 Disneyland Theme Park 花了「巨資」玩了兩次（每次 4 個人 400 美金，約臺幣 1 萬 2 千元，去兩次迪士尼就燒了臺幣約 2 萬 4 千元），我想既然去玩了迪士尼，花了這麼多我的血汗錢（迪士尼真的是賺人夠夠……），除了圓了一個到迪士尼玩的夢之外，當然還要發揮這些錢的「剩餘價值」，請 Ian 寫一下到迪士尼遊玩的過程與心得。而且，因爲小孩剛去玩過，不僅有親身經驗，且記憶猶新，所以寫起來

應該比較順手。不過，因為作文是一種高層次的語文能力，Tim 和 Ian 才剛上美國小學 3 天，要寫出文章有困難，我只好先寫一遍，並教他們一遍，學習一些生字與片語，之後再請他們自己寫上。

另外，中間有一個欄位是「Awesome AD」「Create an AD for your favorite movie」，因為我們在臺灣時，全家人曾經一起去看過電影「A Dog's Purpose」，Tim 和 Ian 對電影裡那些可愛的小狗愛到不行，因此，我跟 Tim 討論好，這個部分他就寫這部電影，幫這部電影創作一則廣告。

就這樣，3 天的勞動節假期過得還真是充實，為了這一張大海報大小的作業真的很「搞剛」，我們花了許多時間討論、構思、撰寫與繪畫。還好，這份作業沒有規定放完假就要交，導師給學生一星期的時間完成，因此，時間上還算充裕。完成了這份作業，算是一種震撼教育，畢竟，這是上學期開學後第一次放假的作業，而且花了許多時間才完成。但我試著將這份作業與臺灣小學的作業做一比較，臺灣的小學教師常常會出比較屬於「抄抄寫寫」的功課，例如：寫部首生字、生字一行、圈詞兩遍、課文抄一遍等等。並不是這些生字或新詞不重要，我只是認為這些都是屬於比較低層次的語文認知能力，每課課文都要花費許多時間抄抄寫寫，實在很難符應十二年國教所強調要培養學生語文的素養；而且這種抄抄寫寫的功課真的是比較機械式的練習，跟學生的生活經驗沒有結合，學生無法體會到學習語文到底跟生活有何關聯，也絲毫感受不到學習語文的樂趣。另一方面，語文的作業只有語文的內容，無法跟其他領域做結合，殊為可惜！

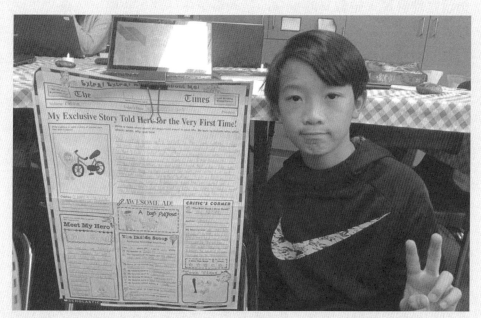

2018 年 4 月學校舉辦 Open House 時，Tim 與他的作業合影

2. 教導學生學習策略以及活化教學

　　Mrs. B 在教學時，相當注重教導學生學習策略。以 Writing 課而言，導師在教導「Let's write an essay」，就會教導學生文章的架構段落：第一段是 Introduction，學生先寫出論說文的陳述說明，並寫出三個原因；之後，2-4 段分別說明這三項原因，且每個原因要舉三個證明例子；最後，第 5 段則是結論，針對這篇論說文做一總結。

　　我在下學期 3 月份時 Parent Teacher Conference 會談時，導師 Mrs. B 有提到這項教學，她同意我可以將這份像是 POP 的海報拍照，回去可以讓 Tim 和 Ian 複習。導師的這項教學，類似臺灣的小學作文教學，Mrs. B 請助理教師 Mrs. Henley 製作這份論說文結構的海報，並將其張貼在教室的布告欄上，供學生觀摩學習。從 Mrs. B 的教學中，可以

很清楚地發現，她教學的重點即是教導學生「學習策略」，讓學生明瞭論說文的文章結構與每一段的寫作重點，透過實例說明，讓學生可以學會寫論說文，而且在課堂上「現學現賣」，練習寫一次。另外，在 Science 課時，在教 Rocks 時，導師也會讓學生練習結構圖 Types of Rocks，讓學生練習將岩石分類，了解其外觀與特徵，並能舉出實例。

這樣的教學讓我想起以前參加教師專業發展評鑑講師培訓時，教專評鑑（進階）有一項指標是觀察教師在教學時是否有教導學生學習策略。我印象很深刻的是，授課講師有提到，大部分的小學教師比較不擅長教導學生「學習策略」。另外，大約在 2013-2015 年臺中市實施國中小校務評鑑，我擔任評鑑委員，大約到過 30 所國中小觀課過，觀過的課至少有 200 多堂課，我發現臺中市大部分的國中小教師教學都很認真，但可惜的是，教師的教法大都以講述法為主，較為單一，且大多數教師還是在教知識與概念，甚少有教師在課堂教導學生「學習策略」。

在知識爆炸的網路時代，知識的取得比起以前方便許多，教師的任務不再僅是傳遞知識，反而更要教會學生「學習策略」，讓學生可以在日常生活中加以運用，這也是十二年國教素養導向教學的重點之一。希冀透過素養導向教學的實施，能夠讓學生學習到比較多的學習策略，並能活用在各項學習中。

另外，我以前看過一份研究，教師的教學方法很容易受到自己的求學階段教師教學法的影響，也容易受到師資培育的職前教育時，教授的教學方式所影響。換言之，很多國中小教師的教學方法會很單一，除了受到自己從小到大求學時教師的教學方式所影響之外，在師培大學修教育學程時，教授的教學方式太過單一也是原因之一。除了少數致力於教學創新的教授之外，大部分的教授授課大致就是使用講述法、分組討論或是上台報告，除此之外，很少有其他方法。舉一個實際發生在我教學課堂的例子，我一直想在師培課程上進行教學的創新，也儘量嘗試用不同的教學方式，希望對於師資生有一些「示範」或「啟發」的作用，讓

他們將來成爲教師時教學能夠有創意、能夠活化。有一次我使用「世界咖啡館」方法讓同學分組討論，這一門課有 40 位同學修課，結果問學生，居然只有 5 至 6 位有玩過世界咖啡館，其他的同學不是沒聽過，就是其他教程課沒有教授使用過。

當師培課程教授的教學方法無法給予師資生任何啟發或發揮示範效果時，我們自然很難期待中小學教師教學能有創新，或進行十二年國教期許的素養導向教學。所以，師培要能有效果、師培要能創新，事實上師培教授在教學上必須先做一些改變，讓師資生了解到教學活化並不困難，知道運用多元的教學方法並不會耽誤到教學進度，事實上，教學效果反而更佳！我想唯有如此，中小學教學現場才能有眞正的翻轉！

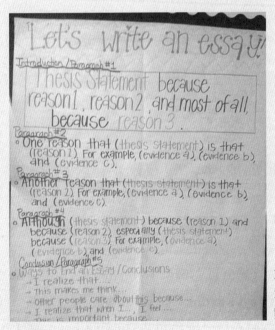

Let's write an essay 的海報，說明文章的五個段落以及各段落應有的重點內容

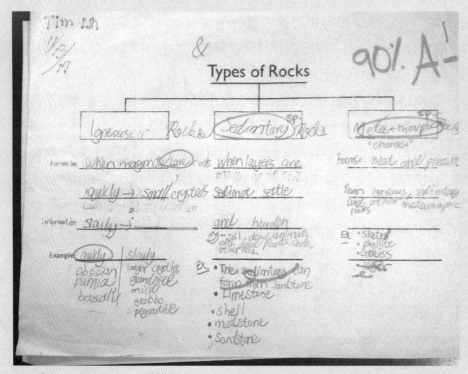

Tim 畫的 Types of Rocks 結構圖

3. 素養導向的學習評量

　　美國小學教師的評量方式很明顯的與臺灣小學教師有所不同。在臺灣，大部分的小學教師都是以甲、乙、丙或是分數來打成績；但美國小學教師似乎不同，Mrs. B 習慣以「評量尺規」來評斷學生的表現。以 Persuasive Essay 為例，Mrs. B 設計一個「Teacher Critique Rubric」（教師評論尺規），這個評分表單還細分為七個部分：Time、Volume、Posture、Eye Contact、Persuasion、Rhythm、Preparation，這七個部分採三點量表，教師針對學生上台發表自己撰寫的 Persuasive Essay 給予

評分，加總得出一個百分比和等第，最後則是教師的 Comments。從這個評分單可以看出，Mrs. B 給 Ian 78%，並給他「You need to have 3 examples. Please practice looking at your audience next time.」的評語。

另一份作業「California Regions Brochure」，Mrs. B 同樣設計一個「Teacher Critique Rubric」（教師評論尺規），設計有六個評分項目，每項目 5 分，滿分 30 分。在這份作業中，Tim 和 Ian 表現都算好，Tim 得到 92%，Ian 得到 88%。Mrs. B 給 Tim 的評語與建議是「I am so proud of your effort.」「Several symbols are missing.」；Mrs. B 給 Ian 的評語與建議則是「Good job including......」

「Research Project Rubric」，也是利用類似的「評量尺規」，包含四個部分：(1) Introduction: Overview of the Time Period；(2) 分為三個 Subtopic: First Main Idea、Second Main Idea、Third Main Idea；(3) Conclusions；(4) Overall。這四個部分共有 18 個評分項目，教師就從這 18 個項目中依據學生的表現給予評分，之後加總成為總分。

「Mission Powerpoint Rubric」不僅細分為 10 個評分項目，每個評分項目最高給 5 分（滿分 50 分），且每個評分項目都指出評分重點，也就是學生上台 presentation 需要呈現出哪些內容。例如：「Slide 1 includes mission name, number of the mission, and student's name.」「Slide 2 has a title, founder/date of the mission, and it's location.」……「Slide 5 describes 3 historic highlights.」「Slide 6 discusses the status of the mission today.」Mrs. B 很仔細地針對每位學生的上台簡報以及簡報內容給予評分和建議，例如在第一張投影片，她給 Tim 的回饋：Review proper capitalization please；第六張投影片她寫到：Please tell more than one fact on one slide。總計這份上台報告，Mrs. B 就給 Tim 六項回饋建議，可謂非常仔細。

Persuasive Essay 所使用的教師評論
尺規（Teacher Critique Rubric）

California Regions Brochure 這份作業的評量尺規

Research Project Rubric

Name: Ian

Introduction: Overview of the Time Period
- 5 / 5 includes a strong hook
- 7 / 10 gives an overview of the historical time period
- 2 / 5 links the time period topic to the subtopic

Subtopic: First Main Idea
- 2 / 3 topic sentence states first main idea
- 8 / 10 includes many important facts
- 1 / 2 conclusion sentence states importance to time period

Subtopic: Second Main Idea
- 1 / 3 topic sentence states second main idea *check date with relevance to the time period of your research project*
- 8 / 10 includes many important facts
- 1 / 2 conclusion sentence states importance to time period

Subtopic: Third Main Idea
- 1 / 3 topic sentence states third main idea
- 7 / 10 includes many important facts
- 0 / 2 conclusion sentence states importance to time period

Conclusion:
- 3 / 5 adequately restates the historical time period
- 4 / 5 states the impact of the subtopic to the time period

Overall:
- 5 / 5 grade level words are spelled correctly
- 7 / 10 correct grammar and punctuation
- 3 / 5 proper formatting for title and paragraphs *Review paper capitalization of proper nouns and appropriate above*
- 0 / 5 includes a quote with appropriate reference *are no best in public*

Research Project Rubric

Mission PowerPoint Rubric

Name: Tim

GREAT JOB!

- Slide 1 includes mission name, number of the mission, and student's name. — 5 / 5
  Review proper capitalization please
- Slide 2 has a title, founder/date of the mission, and it's location. — 5 / 5
  Nice specific arrow!
- Slide 3 describes the people at the mission. — 5 / 5
  Great specific categories with organization and color
- Slide 4 tells the nickname, rooms found there, and something unique about their mission. — 4 / 5
  I would have liked a few more about each room.
- Slide 5 describes 3 historic highlights. — 4 / 5
- Slide 6 discusses the status of the mission today. — 4 / 5 *please tell more than one fact on one slide*
- Picture included on each slide. — 6 / 6 *please use appropriate pictures for the topic*
- Information is organized neatly. — / 5
- Spelling and grammar is correct. — 3 / 5
- PowerPoint Outline completed. — 4 / 4

Extra Credit —

Total 45 / 50   Grade 90%   A

Mission Powerpoint Rubric

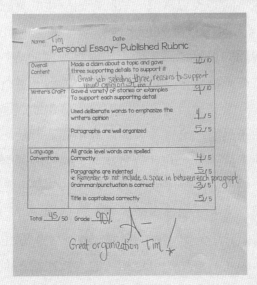

Personal Essay- Published Rubric

Name: Tim   Date:

Overall Content	Made a claim about a topic and gave three supporting details to support it *Great job selecting three reasons to support your opinion on ___*	10 / 10
Writer's Craft	Gave a variety of stories or examples To support each supporting detail	9 / 10
	Used deliberate words to emphasize the writer's opinion	4 / 5
	Paragraphs are well organized	5 / 5
Language Conventions	All grade level words are spelled Correctly	4 / 5
	Paragraphs are indented *Remember to not include a space in between each paragraph*	5 / 5
	Grammar/punctuation is correct	3 / 5
	Title is capitalized correctly	5 / 5

Total 45 / 50   Grade 90%   A-

Great organization Tim

Personal Essay-Published Rubric

　　從這幾個例子可以發現，教師評分的方式主要是從幾個大項目的評分項目中先一一加以評分，之後加總成爲總分並給予等第。這種依據Rubric的評分項目非常類似臺灣的研究所面試、中小學教師甄試或校長主任甄選，或是研究所的論文口試，都有不同的評分項目與尺規，由評分者依據考生的表現良窳給予分數。不過，在實際給分時，一方面因爲打分數的時間很有限，另一方面主考官／口試委員都會嫌太多細項很麻煩，通常只會給一個總分，細項就不會一個一個仔細打了。沒想到，Mrs. B 竟然這麼仔細，全班有 34 位學生，人數遠超過臺灣的小學每班平均人數，而且每項作業的評量少則幾項評分項目，多則將近 20 項，她不僅一一打分數再加總，最後，還要給學生一些評語、建議或回饋，可以說是相當仔細用心，而且要很「耐煩」，不怕麻煩。

　　在臺灣，小學生的學習評量通常會有一個分數，另外，在一些作業，特別是作文，教師也會給一些建議或評語等，但僅從一個分數，實在很難看出學生在這份評量上各層面的表現如何。如果能訂出評量細項與尺規，以及各種不同的表現水準，教師針對學生的實際表現與這些尺規或表現水準做一對照加以評分，不僅較爲仔細，而且能夠讓家長或學生深入了解各層面的表現情形，而不是僅有一個籠統的分數。Mrs. B 的評量方式，相當符應臺灣十二年國教所強調的教師進行「素養導向評量」或「標準本位評量」。素養強調能解決現實中的問題，也就是應用類的試題，學生除了具備知識，重要的是運用知識解決不同的狀況和問題。此外，「標準本位評量」的計分方式，把學生的學習表現區分爲不同等級評量結果，讓教師、學生與家長了解，各等級的學生分別具備何種知識與技能。換言之，「標準本位評量」是以達到「門檻」的方式，把學生學習成果對照於事先訂定好的評量標準，了解學生在各種學習項目中達到的狀態。因此，重點不再是和其他人做比較，而是跟自己過去的學習表現做比較，了解這個項目的學習達到哪個程度。但我想臺灣的小學教師要做到這樣的程度，一方面必須改變傳統打成績的習慣，畢竟

教師已經很習慣只打一個分數的評量方式；另一方面，教師可能必須要進行學習評量的增能研習，以便了解素養導向評量或標準本位評量的意義與類型，以及進行方式，方能眞正改變現行教師評量的方式。

4. 資訊融入教學

Rossmoor 小學因爲實施 BYOD 計畫，所以教師的許多科目教學都結合了資訊，這一部分在 Bring Your Own Device 我已做了許多說明，在此不贅述。這邊要介紹的是，Rossmoor 小學因爲推行 BYOD 計畫，所以學生的作文也是在電腦上完成。學生先在 Writer's Notebook 上打草稿，之後在 Google Classroom 上打字，之後教師即會看到每位學生所寫的作文，最後，學生將自己打好的作文列印出來讓教師評分。

這樣的寫作文方式，跟臺灣大部分的小學將作文寫在作文簿上有所不同，Tim 和 Ian 告訴我，這樣的方式還不錯，除了練習英文文書編輯之外，還可以練習英文打字，附加價值還蠻高的。

Tim 在 Google Classroom 上打字並列印出來的作文題目與內容

Ian 在 Google Classroom 上打字並列印出來的閱讀書籍書名與內容

5. 運用分組合作學習

Rossmoor 小學教師教學的方式與臺灣的小學教師不同的一點，就是比較常使用分組合作學習的方式讓學生完成一份報告或作品。

以「Indians」這份作業來說，學生三人一組，每個人不僅有自己的任務，同時，也有共同的目標要完成；「Mission」這份作品，也是分組合作共同完成。教師幫學生準備 Mission 作品的各種材料，例如：十字架、牛或羊的小模型、小石頭等等，再由各組學生依照上課所學的各種結構與特徵加以討論組合而成。

在臺灣，大部分的小學教師教學都很認真，但是否使用分組合作學習，則因人而異。我想臺灣的教師少用分組合作學習教學法的原因可能在於，第一是教師的教學習慣與文化限制，大部分的教師還是習慣每位學生單獨完成一件作品；第二個原因可能是分組合作學習需要讓學生分工、討論、實作等等，需要比較多的時間，也可能產生比較大的聲響，教師可能無法「習慣」這種模式。但我們必須省思如果所有報告或作業都是一個學生單打獨鬥完成，如何讓學生培養成十二年國教所揭櫫的九項核心素養，例如：「符號運用與溝通表達」、「人際關係與團隊合作」等。

不過，我想隨著教育部近年來推動中小學分組合作學習，讓教師了解其優點與實施方式，願意在某些單元加以嘗試，應該慢慢會有教師願意加以使用。前幾年臺中市校務評鑑，我訪視一間國中，就對這間國中一位生物教師使用分組合作學習的教學方式感到印象深刻。這位年輕的教師，看起來已經將分組合作學習的教學法運用得很熟練，教學過程中，不僅每組都有共同任務要達成，且每位小組成員還有自己的任務，各司其職，沒有人「搭便車」；在分組討論前，這位教師特別強調要控制音量，還運用獎勵制度給予達到要求的組別獎勵，所以整個班級雖然都在討論，但音量控制得宜，沒有鬧哄哄的像菜市場。這位教師優異的教學表現，真的讓我對於國中教師的教學方式有很大的改觀！

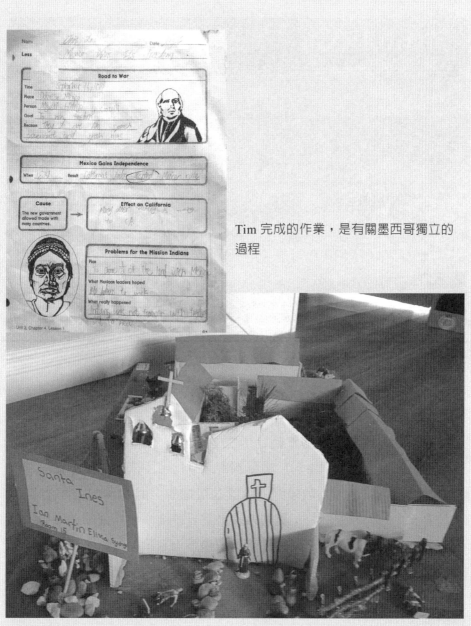

Tim 完成的作業，是有關墨西哥獨立的過程

Ian 與同學合作完成的 Mission 作品

Tim 與同學合作完成的 Mission 作品，呈現當時人們的生活情形

6. 結合生活化的教學

　　大部分的教師教學都會結合學生生活經驗，Mrs. B 也不例外。以數學為例，大部分的學生對於數學都會感到比較困擾，甚至於畏懼，或者乾脆放棄，就是因為數學的內容實在很抽象！但 Mrs. B 在數學課，有其生活化的教學。例如：美國各地區常見各種漢堡店（開個玩笑，美國應該是以漢堡立國），加州的漢堡店也是百家爭鳴，除了臺灣常見的麥當勞、溫蒂漢堡，漢堡王等等，還有生意超級紅火的「In-N-Out」漢堡。Mrs. B 的數學課就結合學生的日常經驗，出一些題目讓他們計算漢堡的價錢是多少？

　　此外，在 Open House 時，我看到教室有一張海報，是結合學校四年級的戶外教學（Field Trip），四年級的戶外教學有兩個地點，一個

是搭飛機到加州首府 Sacramento 旅行，參觀當地政府機構與歷史博物館（各位看倌，加州首府是 Sacramento，可不是大家熟悉的舊金山或洛杉磯喔！）另一個地點是 Knott's Berry Farm，這是一個老牌的主題遊樂園，類似臺灣的「一三六九」（義大、劍湖山、六福村、九族）主題樂園，學生可以自由選擇要到哪一個地點，當然，搭飛機的行程是「貴森森的」，一天的旅行就要 400 多美金（臺幣約 1 萬 2 千多元）。Mrs. B 充分運用戶外教學的經驗，在數學課讓學生去計算這兩個戶外教學地點，全校總共花了多少經費？搭飛機跟搭遊覽車旅行各是多少英里數？……等。我想這種結合戶外教學的數學題目，對於學生來說一定不會陌生，而是充分跟學校經驗做結合，讓學生覺得有趣多了，會覺得數學絕對不是很抽象的，完全是可以應用在生活中。這種讓數學結合學生經驗的方式，體現了十二年國教所說的，素養導向評量是與生活經驗結合，讓學生可以體會到學習的目的是有用處的，可以使用在生活當中。

Math – guess the hamburger price

Ian 與其他四位同學，在數學課分組合作完成的 Knott's Berry Farm 繪畫作品

7. 製作小書

Tim 和 Ian 在 Rossmoor 小學一年，做了不少小書。Reading 課時，教師請學生做「introduce the character」介紹作者；「Read-a-loud」活動，教師請學生製作名著「Island of the Blue Dolphins」的小書；Social Studies 時製作「CA early explorers」，因為是介紹加州 17、18 世紀時的發展，導師讓學生分組，每位同學負責上網找資料，介紹一些早些年來自西班牙或其他國家的探險家，這本小書同時附上許多問題要學生回答，例如：這位探險家為何要來到加州？他走的航線為何？為何這樣進行？如果走別的航線會有何不同？這位探險家來到加州，對加州的開發有何貢獻？等等，學生還必須畫出航線圖。導師出這樣的作業，當然是累壞我跟 Sylvia 了，因為我要陪伴 Tim 和 Ian 一起上網找資料、整理資

Reading – introduce the character 小書製作

Social studies – CA early explorers 小書製作

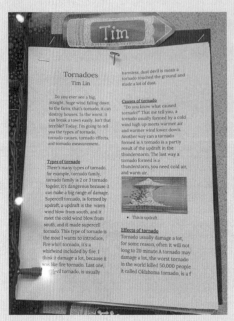

Tim 做的小書——Tornadoes

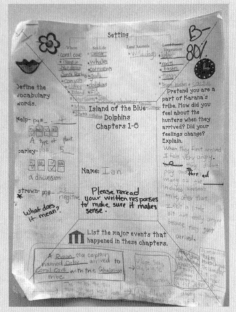

Read-a-loud——Ian 讀完名著「Island of the Blue Dolphins」後製作的小書

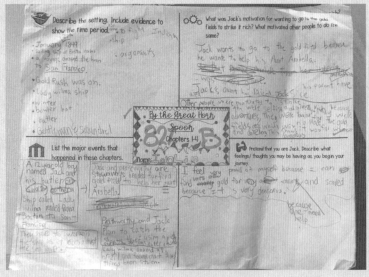

Tim 於 Read-a-loud 課程製作的小書

料，還要從各種資料去尋找所有問題的答案，這個過程當然免不了要經過討論，因此花了不少時間，有些甚至必須使用到假日的時間。但我覺得這樣的作業方式（類似主題式探究），可以讓學生學習到許多素養。學生可以培養資訊素養與判讀資料的能力，先檢索資料、整理資料，從各種資料中去蕪存菁，找出最核心的重點；其次，透過教師所設計比較開放式的題目，引導學生去思考，假想各種情境，想出各種可能的答案。透過這樣的過程，學生才能眞正學習到素養，將其運用在生活中。

8. Class Play

如同臺灣的小學，導師 Mrs. B 在學期末（6 月 12 日）讓全班同學進行一項 Class Play – Gold Dust or Bust。這項活動是結合 Social Studies 課程所進行，主要在介紹加州 19 世紀中葉的輝煌歷史——淘金熱。戲劇由全班同學合作演出，當然也結合了家長的力量，因爲要演出 19 世紀中人民的模樣，由家長提供各種服裝、帽子與道具。

在進行 Class Play 前，班上已經做了很多前置作業，像是導師 Mrs. B 在課堂教全班同學唱許多有關加州歷史的歌曲（這些歌曲是當天分組上台演出時要演唱的），曲風都相當輕快活潑。那一陣子 Tim 和 Ian 每天放學回家，都會哼哼唱唱的練習，雖然我無法完全聽懂他們在唱什麼，但可以感受到他們很喜歡這些歌曲，而且很重視此次的表演。

Class Play 當天，班上有幾位家長協助布置場地與背板。時間快到時，我跟 Sylvia 一進入教室，看到已經有許多家長到了，也看到很多學生都特別精心打扮，帶著各類道具，當然包含淘金用的傢伙。其中，最經典的就是「牛仔帽」和「牛仔褲」，感覺只要戴上一頂牛仔帽，看起來就變得「很美國」！Tim 和 Ian 穿著前一天跟媽媽討論出來要穿的襯衫（還好來美國前，我們就有討論到要帶幾件比較正式的服裝，結果眞的派上用場），Tim 穿著綠藍相間的襯衫，Ian 則是穿著紅色的襯衫，兩人脖子上都掛著絲巾，這大概是他們來美國將近一年第一次穿得

這麼正式（開個玩笑，不知是否會迷倒一些金髮小美女呀！）

開始演出時，跟臺灣的家長相同，所有學生家長全部拿起手機或攝影機狂拍照，我看有一位家長甚至全程錄影，似乎深怕漏掉捕捉孩子演出的任何片段。這次演出前已經演練過許多遍，所以每位孩子都知道自己是哪一組、何時該上台、要帶哪些道具、要說哪些橋段、唱哪些曲目，整個流程都很順暢。

有幾個流程是由 Tim 和 Ian 上台唱歌，看著他們很自然的唱著「不是自己母語」的曲子，邊唱還要邊做手勢，和同組同學有互動、一搭一唱，身為他們老爸的我除了不斷地拍照與攝影之外，心裡也有許多感動！因為這一天是期末倒數第 3 天，距離我們要離開美國、飛往自己的家鄉臺灣只剩 15 天，坦白說，心情是很複雜的，也很糾結。我看著 Tim 和 Ian 在台上落落大方、與同學同台自然的演出，再對照開學第一

Class Play—Gold Dust or Bust

Ian 與 Tim 在 Class Play 的演出

天他們略顯緊張、嚴肅的表情，或是剛開學一、二個月，聽不太懂「老蘇」上課在說啥？經過將近一年的學習，可以發現這一年中，他們真的成長進步了，進步的不僅僅是英語（這點可從他們已經可以跟同學用英語在搞笑看出），成長的也不僅是身高長高、身材變壯了一些，而是他們已經完全融入美國的小學生活了，更結交許多一起上課、一起完成報告、一起打球的麻吉。透過這樣的戲劇表演，搭起的舞台不僅可以展現孩子的創意、歌喉與演出，同時也是師生團結努力成果的展現。我想半個月後我們將是在 JL 航空班機返回臺灣的旅途中，但這次他們的美國小學之旅，不但充實而且甜蜜，更有許許多多美好的回憶！當然，包含這次期末的 Class Play──Gold Dust or Bust 戲劇演出！

9. 運用多元評量方式

加州小學沒有所謂的期中考或期末考，主要是依照教師的平日觀

察、測驗以及學生的報告等等。在 Rossmoor 小學，比較特別的是音樂課，跟臺灣一樣有教直笛。因爲在臺灣，小學從三年級即開始教吹直笛，所以 Tim 和 Ian 已經有了不錯的直笛基礎，再加上身爲音樂教師的媽媽調教，他們的底子算是不錯！但在這裡，小學生是從四年級才開始接觸直笛，所以算是初學者。因爲起跑點的不同，Tim 和 Ian 在吹奏直笛方面，表現得自然是有模有樣，很多同學聽他們吹直笛後，所有老美最常講的讚美語 Amazing！Awesome！都出來了（就差沒說 Bravo！）對他們投以羨慕的眼光。最有趣的是，Tim 和 Ian 告訴他們的音樂教師，媽媽是臺灣的小學音樂教師，在家也有教他們兩人，結果這位教師告訴 Tim 和 Ian 要找時間請教媽媽直笛的技巧。學期最後一天，Ian 還得到一張獎狀，上面載明得到 Rossmoor Recorder Karate 黑帶，可見他的直笛技巧眞的是受到學校教師的肯定！

Ian 得到的直笛獎狀

　　在評量學生學習方面，導師也會運用一些比較有創意的技巧。例如：導師教學生創作詩，每個人都要發表，但之後不是由導師給評語，而是由學生將自己的評量意見寫在便利貼上給予回饋，類似臺灣所強調的「同儕互評」。這次 Ian 的表現非常好，他總共收到 17 張同學給的回饋，同學在上面寫著：cute puppy、sweet dog、Love the poem、Good Job 等等。我認為這樣的同儕互評方法有其優點，一方面是孩子跟大人不同，孩子有自己的評量角度；另一方面，讓孩子互評，在欣賞他人作品時會更專注；最重要的是，透過這樣的評量意見回饋，給予同學肯定，有助於營造良好的班級氣氛！

同學 Ethan 給予 Ian 的回饋

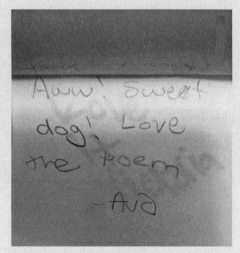

Ian 收到同學 Dimitri 給予的回饋　　　　同學 Ava 給予 Ian 的回饋

10. Open House

4 月時，學校辦了 Open House。剛開始看到這個詞，其實不是很清楚到底是哪種活動，而且跟房仲的現場帶看 Open House 用語完全相同，會有點混淆。後來看了學校的通知，才知道原來是參觀教室、參觀班級。因為是在傍晚舉行，這天我們先到南韓籍媽媽 Alisha 家中，享用她為我們準備好吃的韓國美食，之後再一起到學校。到學校時，已經看到許多家長陸陸續續抵達。因為 Tim 和 Ian 的教室比較慢打開，我們聽 Alisha 說明，才知道也可以參觀其他班級，之後我們走過班與班之間的門，到了 Tim 和 Ian 的教室。

到了 Tim 和 Ian 的班級 Room 15，導師已經在裡面布置好許多孩子的作品，各組桌上則擺上了許多筆電，目的是由孩子透過筆電所呈現的 PPT，向自己的爸媽介紹自己的作品或報告。我和 Sylvia 到處走動，除了仔細看看 Tim 和 Ian 的作品之外，同時也欣賞其他孩子的各種作業，

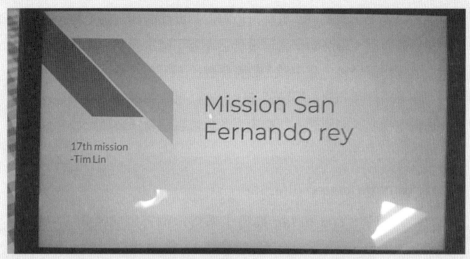

Tim 製作的 17 世紀 mission 報告 PPT 首頁

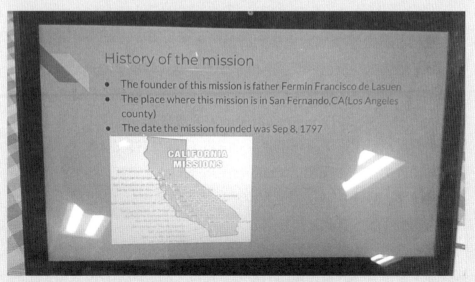

Tim 製作的 17 世紀 mission 報告 PPT，有關 mission 歷史的介紹

我也趁此機會仔細觀摩導師的教室布置。我看到教室四面牆上,有課表、學生的常規表現、每位學生在英語線上閱讀與數學線上測驗百分比的進度表;其次,還有一些教師自己製作的教學海報、每位學生各科的作品。整體而言,導師的學習環境營造得很不錯,我利用此機會拍了許多照片,我想回臺後,在中教大教育學程授課,有些課程可以讓師資生看看美國小學教師的學習環境營造,一方面可以擴展師資生的視野,一方面也從中吸取一些靈感,作為未來教育實習或擔任教職時教學或經營自己班級時的參考!

11. Walk through California

2 月 5 日時,Tim 和 Ian 的班上舉行一個特別的活動 —— Walk Throuth California,這個詞不是很好翻譯,但不論是從字義,或是從整個活動是在介紹加州的歷史內容來看,或許可以翻譯為「走過加州的歷史」。從學校發的通知,可知這項活動是和一個當地推廣加州的基金會合作。

我和 Sylvia 準時到教室參加活動,現場已經有許多位家長到場,大部分都是媽媽(爸爸可能都賺錢去了)。進入教室,看到今天活動的主要道具,一個很像臺灣常見的神壇桌子,蓋著一條黃色的桌巾,上面有著大大的字 Walk Throuth California,旁邊掛著六支旗子,除了兩支很清楚的可以看出是美國和墨西哥的國旗,其餘的幾支後來才知道是加州共和國的國旗,上面寫著 California Republic,並有一隻大熊與一顆星星的圖案(後來,我上網查詢資料,才了解原來從 19 世紀中葉,加州曾極短暫從墨西哥獨立出來過)。

活動是由一位戴著黑框眼鏡、「典型」的光頭美國大叔主持(在美國一年,常常見到許多光頭的男子)。這位大叔真的是發揮說學逗唱的功夫,一個人主持,撑了超過兩個小時。一開始,出現時光機(Time Machine)的音樂,所有人都坐著時光機跟主持人回到 19 世紀的加州。

Walk through California 教學布置，乍看有點像臺灣常見的神壇，但其實是美國、墨西哥及加州共和國時期各式的國旗

在坐時光機時，大叔要所有學生低頭在自己的兩腿上，等待倒數計時（Final Countdown），結束之後，所有人才可以抬頭。在大家等待時，大叔已經幫一位黑人同學所扮演的士兵做好出場前的檢視，之後這位古時候的士兵就華麗登場了。

除了這位士兵，陸陸續續有幾位扮演古時候加州人的學生粉墨登場，大叔嘰哩呱啦地跟這些古人對話，主要是描述當時的情境。這中間還有分組競賽，每一組的同學如果有人答對了，大叔就會說給你們 30 points 加分，這一組的學生還會起來喊一下隊呼慶祝一下。Tim 和 Ian 都有代表自己的組別答對問題，幫自己的組拿到分數，回座位時還跟隊

教室布置懸掛加州共和國的國旗，有一隻熊與一顆紅色的星星

主持人光頭大叔對要出場表演的同學面授機宜

活動過程中，大家不時來一段舞蹈，手舞足蹈，非常歡樂

友 high five 擊掌慶賀一下。看得出來，各組為了這次的活動，還特別想出一些有趣的隊呼，引得現場的家長聽得哈哈大笑！

　　大叔的主持內容真的是豐富又緊湊，除了坐時光機、古時候人物、小組競賽之外，有時候還來一段音樂，大家轉轉圈跳跳舞，相當歡樂！之後，每位同學陸續上台接受大叔的提問並回答問題。看到這裡，我終於明白表演前幾天，Tim 和 Ian 各帶回一張卡片，上面各有一道題目和解答，兄弟倆有空就拿出來背，媽媽還特別抽問好多次，看他們有沒有背熟，原來這些問答是在這時候派上用場。大叔問 Tim：What is the largest city in California？Ian 則是被問到：How many counties are there in California？（答案是 58 counties）看著 Tim 和 Ian 能夠順利在眾人面前回答問題，雖然只是一道小小的題目，身為爸爸的我還是感到很高興

（我應該很容易感到滿足）。不過，在這問與答的過程中，還是有少數幾位同學答不出答案來，場面有點小尷尬，這點可能有待教師做一點診斷與補救教學，以了解學生到底是完全不懂，或是回家沒有努力練習背誦。

最後，進入節目的高潮，這位大叔拿出他最後的道具 —— 大型的加州地圖（他今天真的很辛苦，帶來的道具真的非常的多）。這個大型地圖應該有一張大桌子的大小，但像拼圖一樣，分成好幾個部分。大叔依序找幾位同學來幫忙，找出他唸出的地名地圖，也就是前面活動所介紹的加州地名，依照加州南北狹長的順序排出。最屬害的是，除了學生要拼出地圖之外，他還準備加州每個地方的「特產」道具或玩具，例如：當學生拼的地圖是洛杉磯，他會給學生一包東西，裡面裝的是一堆小汽車玩具模型，學生自然而然就將這些小汽車玩具模型一股腦兒倒在洛杉磯的地圖上，這個舉動大家看了都哈哈大笑，因為大家住在洛杉磯都深感「車滿為患」，高速公路上永遠都有很多很多汽車，像個大型停車場，車子常常是 bumper to bumper，堵車是家常便飯，所以想到洛杉磯，大家的印象就是車多與塞車。Tim 和 Ian 在這最後的活動過程中，也被叫到前面拼地圖，他們都很順利地拼好。這個活動有點像是一個小的總結性評量，也就是做了那麼多有趣活潑生動的活動，讓學生在這些活動中學習到加州的歷史、地理與發展等等，寓教於樂之後還是要驗收一下教學目標是否達成？看到每位上台的學生都很順利的完成，可以看出學習成效應該相當不錯！

Tim 依照主持人給予的地圖，擺放在合適
的位置

Ian 正在拼加州地圖

經過大家的通力合作，終於將加州地圖拼好，各區域與各城市上還放置當地的代表性物品，例如：森林（北加州）、沙漠（沙漠區域）、汽車（洛杉磯）等

另外的觀察

1. 教師經常看見孩子的優點並給予讚美

相較於臺灣的小學教師有時會比較容易呈現「嚴師」的作為，例如：要求較為嚴格、要求常規等等，美國的小學教師經常欣賞孩子的優點，給予讚美與鼓勵，但這種讚美與鼓勵不是一種討好式的讚美，也不是盲目、只看孩子優點、不看缺點的讚美，而是一種發自內心給予孩子肯定，讓孩子得到認同的讚美。Tim 和 Ian 放學回家很常分享在學校教師對他們的讚美，不論是課業或是行為。而 Mrs. B 也好幾次在 Tim 的作業上加上評語：I am so proud of you！我看得出來 Tim 努力向學、認真完成報告或作業的精神，不因為英語產生學習上的限制，真的讓導師 Mrs. B 受到感動。

還有一次，Tim 和 Ian 放學後，告訴我他們導師 Mrs. B 稱讚自己女兒的實際例子：

Mrs. B's daughter：I got 65% in math test.

Mrs. B：Great work! I am so proud of you!

乍聽之下，以臺灣家長「世俗」較為嚴格的眼光，65% 哪裡算好？臺灣大部分的家長應該都希望孩子的成績至少 90 分起跳，我甚至還聽過，到現在還有家長對孩子說，考試低於幾分，少一分就打一下。比較臺灣與美國小學生的家長，關愛孩子的心，兩者應該都是相同的，但在美國，多元化的社會與就業出路，讓孩子未來比較容易有多元的發展；反觀臺灣，就業出路不若美國，再加上傳統的升學主義影響，讓家長與學生不僅很重視成績與升學，也容易因此產生很大的焦慮，自然反應在家長對於小孩的教養態度與相處互動之上。

2. 給孩子較多的活動時間與放空時間

如果不是到過美國，親眼觀察美國小學一天的生活，真的很難想像美國小學生早上一到學校就在玩，吃完午餐繼續玩，放學後還是在玩（例如：玩 four square）。相反的，在臺灣，小學生早上到校要打掃，吃完午餐還有午餐清潔工作，放學前還要再打掃一遍，除非體育課或是有其他活動，孩子整天坐在教室，較少有機會活動。常常聽到一些臺灣的小學教師抱怨現在的學生很多都很過動，坐都坐不住，但是從美國小學的一天生活可以反思，是不是臺灣的小學生活動或運動的機會實在太少了？小學生正值發育的階段，原本就是會蹦蹦跳跳，但卻被要求要長時間坐在座位上，真的是有難度。再加上放學後，學生必須繼續讀「第二間學校」，在安親班或才藝班待到傍晚 5、6 點，甚至晚上 7、8 點才能回家，這麼長的時間不是寫功課，就是練習永遠寫不完的測驗卷或評量，少有時間可以打打球、跑跑步、玩自己想玩的遊樂器材，或是從事自己有興趣的活動。試想，像這樣整天時間都被上學和功課填滿的情

況，有辦法達到《國民教育法》所說的「以培養德、智、體、群、美五育均衡發展的健全國民爲宗旨」嗎？從現況看這句話是無法達成的！而且，學生的一天，被大量的考試與寫作業給塡滿，很難有時間放空去思考，如何去培養自己的興趣？發揮自己的創意？如何與自己的同學或社區生活產生連結？

教室布置
Classroom Decoration

　　在中教大，我擔任教育學程「班級經營」的授課已有 10 多個學期，在班級經營這門課的授課內容中，有一個主題是「教室布置」，也有人稱為學習環境的布置。教室布置之所以重要，一方面是因為在臺灣，小學生與教師每天在教室共同生活長達 8 至 9 小時，時間相當長，甚至連午餐以及午休都在教室內；另一方面，教室布置希望具有認知性與教育性，透過學習素材的布置、班級常規與班級公約的呈現、學生作品的展示與觀摩等等，達成有效的班級經營。Tim 和 Ian 在 Rossmoor 小學念四年級，透過 Parent-Teacher Conference 以及 Open House 的機會，我進入教室內仔細觀察導師的教室布置。

● Be Responsible、Be Respectful、Be Safe

　　導師在教室後面貼上 Class Rules，包含：Be Responsible、Be Respectful、Be Safe 等三項；另外，有三個表現的水準：能達到這三項就是 Very Cool，普通表現是 Cool，如果沒有達到這三項則是 Not Cool。從導師所貼出的班級常規數量來看，只有三項，非常簡潔，不僅師生容易記住，且符應到學校的願景 P.R.I.D.E.。這三項班級常規內容

對於小學生而言，都是相當重要的，第一項要有責任感，希望學生為自己的言行與課業負起責任；第二項要尊重他人，希望學生在校內校外都能尊重他人，不影響別人；至於第三項強調安全性，希望學生在教室或在校內都能注意安全，不要發生意外。

1. Be Responsible

對於這三項常規，我深感認同！我想導師強調學生要有「責任感」，這是一個很重要的觀念。以臺灣為例，這10多年來因為少子女化，部分家長過於保護或溺愛子女，導致學生無法對於自己的學習或言行負責，學校與家長有必要共同努力使學生能夠為自己的學習負起責任，而不是事事都依賴父母親，產生所謂的「孝子」、「孝女」，或是現在所講的「媽寶」或「寶媽」。其實，不用說小學生，連大學生都有這種問題，我在師培處兼行政時，有一年學期開學的第一週在辦公室就曾經接過一位學生媽媽的電話，她是要幫小孩詢問有關申請教育部卓越師資培育獎學金的問題。我除了仔細回答她的問題之外，心中其實忍不住OS，我覺得已經是大學生了，可以自己來師培處辦公室詢問，為何還要媽媽打電話？這樣的學生有辦法為自己的學習負責任嗎？說明完之後，我也「拐彎抹角」委婉的告訴這位媽媽，如果還有疑問，可以請她的小孩來找我們詢問，不須再勞動媽媽。我想大學生之所以有這種無法負責任、無法獨立自主的問題，就是從小學一直到大學被家長服侍慣了，導致「積重難返」。

2. Be Respectful

有關第二項班級常規「尊重他人」，老美真的是落實得很徹底。老美非常重視個人的自由跟空間，但任何人的自由均不能妨礙到他人，必須尊重別人，這一點在去美國之前我已特別跟Tim和Ian強調過許多次。在美國尊重他人的例子可以從很多小地方看到。記得剛到美國時，

第一次逛 Costco，Tim 和 Ian 幫忙推著大大的購物車，但可能因為年紀小，推著購物車有點偏離自己的走道，占用到對向走道，等於是有點逆向。我才正想要提醒他們走自己的走道時，一位媽媽正好走在對向走道，她笑笑地跟 Tim 和 Ian 提醒，請他們走在自己的走道，不要擋到別人喔！當時聽到這句話，我覺得有點窘，趕緊叫 Tim 和 Ian 走回自己的走道，也覺得在美國真的是連一點小細節都要很小心，否則別人可能會認為你侵犯到他（她）的空間，不尊重他人！

事實上，還有一個類似的例子，同樣是剛到美國沒多久，在 Target 超市採買，我跟孩子走著走著，耳朵突然聽到後面有一個大嬸在「碎念」，雖然她講得小小聲，但我聽得很清楚，她說我可以走右邊，不然就走左邊，但不要走在中間。我當時有點納悶，我明明走在自己這邊的走道，她如果嫌我走得慢，大可以快速超過我。不過，我想也許「認知」有差異（或是我體積較大，略微擋住她的去路），當下我立刻停下腳步，讓了一下，使她可以超過我，走在我前面（開個玩笑，也許剛到美國，初來乍到，很多事情並不清楚，頭還是擺低一點比較好；還有可能是因為剛到美國，英語口說還沒很「輪轉」，如果要跟她吵，還不知是否吵得贏？畢竟，吵架的前提總是要能講流利一點的英文吧！）這個實際經驗讓我再次體會到，老美真的是一板一眼，連走路都要謹慎，別擋到別人，或者讓別人「認為」你擋到他（她），造成不尊重的感受。

由此反觀臺灣，逛超市大家常常是各走各的，逆向走路見怪不怪、手推車隨意放，擋到別人也沒關係，感覺大家好像各憑本事就好，心中的那把尺，或是那個尊重與不尊重人的界線非常模糊。如果連走路或推手推車都這樣子了，就更不用提常見的停車糾紛。我們常看到新聞，有些駕駛貪圖自己方便，或明明附近有付費停車場，但不想付停車費停在停車場，而是將自己的車停在別人家門口或別人的停車位。我甚至曾看到對面鄰居家的騎樓被別人的車子直接開上去停著，連個電話都沒留，實在很扯，完全不知道什麼是尊重他人。類似的例子不勝枚舉，例如：

我搭高鐵時有時會遇到一種情形，就是想要安靜休息一下，卻沒想到同車廂的「阿北」講起手機，聲音大到整個車廂的人都可以清楚聽到他在講的內容。

尊重他人這一點對於學校教育同樣重要，有幾次我在學校走樓梯上樓要到教室授課，沒想到樓梯走到一半才轉個彎，卻發現樓梯上竟坐了幾位學生，完全擋住了我的去路。看到我要經過，才以「很慢的反應、很慢的速度」讓出走道來。我想，如果這些學生心中還有別人、還有尊重他人的觀念，就不會大剌剌的幾個人坐在樓梯完全擋住去路。我想大學生之所以會有這樣的舉動，不會是升上大學才這樣，一定是在中小學階段就這樣子了！所以，身為大學教師的我，常常要去「彌補」，告知學生這方面的缺失，告知他們一些「我以為他們本來已經就會、就應該知道的，但實際上他們完全不知道」之應有的言行舉止，告知學生要「尊重他人」。

3. Be Safe

至於第三項班級常規是「重視安全」，我想這是美國跟臺灣的小學都很強調的一點，不論是物質環境的安全，或是心理環境的安全。綜觀美國歷年的教育政策，重點之一都是強調營造一個安全的校園環境，使校園遠離暴力、色情、毒品、霸凌等等。這些不是唱高調，而是必須從小處做起，從每位教師的班級經營做起，無論是臺灣或美國的小學皆然，讓家長與學生都能感受到校園是安全的，家長能夠很放心將孩子送到學校來上學，而非送小孩到學校上學，但心裡卻是擔心害怕孩子會被欺負、受到霸凌，或是被壞同學帶壞，染上吸毒的惡習。

這裡順帶一提，在美國期間，感受到美國的學校在「安全」這方面，有一點是臺灣的學校甚少發生的（當然也不希望發生），那就是美國層出不窮的槍擊事件，包括校園槍擊。2017 年美國時間 10 月 1 日晚上，Las Vegas 發生了有史以來最嚴重的槍擊，造成近 60 人死亡，

800 多人受傷，慘烈的程度大概只能用屠殺兩個字加以形容。隔天小學放學，我到學校接 Tim 和 Ian，看到學校還降半旗致哀，學校校長也發 email，提到針對此次嚴重的槍擊，校方在校園安全的幾項因應措施，包含：加強校園進出門禁管制（要到 office 簽名換證）、增設校園柵欄（fence），以及放學後請專人巡視校園。後來，在報紙或網路新聞又看到美國各州陸陸續續發生槍擊事件，發生地點很廣，包含：教會、超市，以及學校等。

我當時一直有一個疑問，爲何美國槍擊傷亡事件層出不窮，但始終不禁止人民擁有槍枝？後來，在上 ESL 課程時，看到教師發的講義以及她的補充，才知道是因爲美國憲法明定人民可以合法擁有槍枝（但各州對於槍枝的申請以及管理卻是鬆散不一，加州算是嚴格的，所以槍擊事件算少的），而雖然發生了許許多多的槍擊傷亡事件，但是因爲美國槍枝協會勢力龐大，且運用很多方式，當然包括政治遊說以及送上上千萬美元的政治獻金給最高主政者，使得美國就算經歷許多大大小小的槍擊傷亡事件，但是始終無法修法禁止人民合法擁有槍枝。聽了教師的說明以及介紹美國槍枝協會發展歷史的文章，我總算恍然大悟，知道問題在哪裡了。不過，對於這樣盤根錯節的因素，我感到離譜也覺得很悲哀，難道就因爲槍枝協會的遊說以及送上大把大把的鈔票，美國政治人物就不正視（或漠視）層出不窮的問題，假裝看不到，出事後總說一些無濟於事的話；或者每當發生校園槍擊造成嚴重傷亡，學校就只能降半旗致哀，但這些永遠無法解決問題。

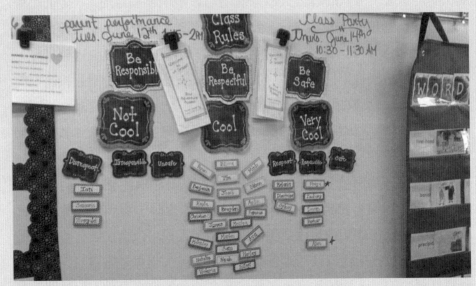

Class Rules：Be Responsible、Be Respectful、Be Safe

College Day：UCLA 和 USC

　　Rossmoor 小學還有一項活動——College Day，每個月有一個星期三進行，學校鼓勵學生穿著大學的衣服到學校。第一次收到這樣的訊息，我感到很納悶，畢竟小學生離大學還要經過 Middle School 和 High School 兩個階段，大約 6 年的時間，應該是中學生比較適合舉辦這樣的活動。後來我才知道，學校是希望小學生能提早了解大學，即便只是粗淺的認識亦可。因爲之前到 UCLA 報到以及 orientation 時，我和 Sylvia 就讓 Tim 和 Ian 各買了一件 UCLA 的 T- shirt，剛好可以派上用場，讓他們穿到學校。後來，Tim 和 Ian 告訴我，幾乎全班都穿 UCLA 的 T-shirt，我想可能是因爲 Rossmoor 小學離 UCLA 只有大約一個多小時的路程，距離並不遠，再加上 UCLA 在世界大學排名始終高居全球前 20 名以內，名聲遠播，家長有志一同都買 UCLA 的 T-shirt 讓孩子

穿。不過，除了 UCLA 之外，也有少數幾位學生穿南加大（USC）的 T-shirt。說起南加大，我想家長會讓孩子穿南加大的 T-shirt，原因可能是其名氣也很響亮，臺灣有一大票各行各業的名人都是南加大畢業的；其次，南加大的電影學院排名全美第一；另外，南加大的體育校隊也是頂尖的，很多大聯盟或美式足球的選手都是畢業自南加大。順道一提，我聽一位來自大陸念南加大的研究生說，南加大有上千位大陸學生，這比例真是高得嚇人。但這兩年美、中對抗局勢日益嚴峻，貿易戰打得火熱，這些大陸學生在美國求學，不知會不會感到身分有些尷尬？

　　Tim 和 Ian 的教室中，有一個欄位是「College Recruits」，這應該是導師配合學校的 College Day 布置的，上面貼著班上同學穿著大學 T-shirt 的照片。看著這些同學，稚嫩的臉龐未脫稚氣，但個個都像小小

College Recruits：絕大部分學生都穿著 UCLA 的 T-shirt

大學生。我想也許透過 College Day，在每位同學心中種下一顆嚮往大學生活的種子，未來經過努力，每位同學都能申請到自己心目中的好大學，過著充實的 College Day 生活。

Red Ribbon

在教室布置中，教室的前門也是一個重點。我看到的布置主題是配合反毒品 Red Ribbon 活動的「Owl Never Do Drugs!」配合閱讀課的「Reading is ＿＿ Wonderful」，和「Let's Taco About Books」（Taco 的諧音類似 Talk）。原本色調相當普通的前門，經過導師的巧思布置，頓時亮了起來，引人駐足觀看。此外，教室裡有桌子，上面展示許多學生的作品。

另外，由於 Rossmoor 小學非常強調閱讀與數學，因此，導師也在教室專欄公告每位同學在 A.R. Quiz 和 Jiji 這兩項測驗上的進度。看到導師這樣的布置，可以明瞭她的用心，希望每位同學都能了解自己的進度跟同學相比較是領先還是落後？同時，透過觀摩與比較，激發自己努力跟上同學的進度。另外，我從這兩項測驗進度，可以很清楚發現同樣一個班級，閱讀累積字數跟數學測驗累積百分比真的是天差地別！因為這兩項線上測驗很多時候都是必須由同學放學後在家自我加強，所以家長是否能善盡督促的責任就顯得很重要，家長如果願意配合導師叮嚀小孩在家努力進行線上閱讀測驗或數學測驗，學生的閱讀與數學就能更加精熟、日進有功；反之，如果家長不配合或漠不關心，學生這兩項的進度自然遠遠落後於其他同學。看來，導師還是要多想辦法，「督促」家長去督促孩子了。

教室前門配合 Red Ribbon 反毒品活動進行布置

隔壁班導師在教室後門配合閱讀活動進行布置

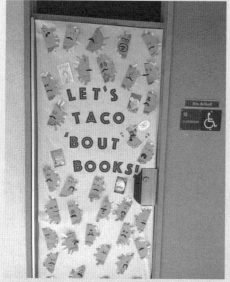

教室前門布置閱讀活動 Let's Taco About Books 學生的作品

教室貼有每位學生在 A.R. Quiz 通過閱讀認證累積的字數一覽表

教室貼有每位學生在 Jiji 通過之課程一覽表

教室桌上展示學生的作品

校外旅行
Field Trip

貴族路線 vs. 平民路線

在臺灣，小學每年都會舉辦遠足，或者是所謂的戶外教學（戶外教育，遠足聽起來比較懷舊），很多小學選擇的地點都是「一三六九」，即義大世界、劍湖山世界、六福村樂園、九族文化村。這四個主題遊樂區除了義大世界之外，都是老字號，擁有數十年歷史的樂園，也是很多人小時候的回憶。不過，有些人批評國中小的遠足常常都是帶學生到這些遊樂園，雖然孩子們玩遊樂設施都很興奮，玩得很開心，但娛樂的成分較高，知性或文化的內容較少。有關這樣的反省，我認為的確有其道理，有些時候遠足或戶外教育除了娛樂性質之外，是否可以增加一點知性的內容，或者是跟學校的課程有所連結？

Rossmoor 小學的 Field Trip 就跟臺灣的小學有些不同，這所小學的遠足讓我感到很新奇。上學期時學校就先預告，下學期 5 月 11 日的遠足有兩種行程（Gold Rush field trips to Knott's Berry Farm and Sacramento, May 11th），學生可以自由選擇參加其中一種：

1. 配合課程 Social Studies 談及之 Gold Rush，搭飛機到加州首府 Sacramento 及附近景點參訪（搭飛機去遠足，這應該是好野

人在玩的遊戲吧！）我在中教大師培處兼行政時，曾有人介紹一位臺灣北部某私立小學的校長來演講，她提到他們學校的戶外教學是搭飛機到希臘旅行。公立小學遠足都是在國內鄰近縣市，沒想到私小可以如此奢華地到歐洲旅遊，真的是社會 M 型化的現象，只能說朱門酒肉臭，路有凍死骨，唉！

2. 另一種選擇是到納氏草莓樂園（Knott's Berry Farm）（開個玩笑，有錢的在天上飛，沒錢的在地上慢慢爬。）

第一次看到通知單，眼睛為之一亮，我對於小學生的遠足就可以搭飛機感到很特別，這在臺灣可是從沒聽說過，就所我知以及以前我擔任國際教育招標評審的經驗，臺灣大概要到高中階段，很多高中因為辦國際教育，才會讓高中生搭飛機出國到鄰近國家，像是日本，進行與日本高中的參訪交流與文化旅遊。

貴森森的搭飛機遠足

Rossmoor 小學在洛杉磯，如果要到加州首府沙加緬度參訪加州政府以及鄰近之鐵道博物館等機構，距離約 383 英里（約 613 公里，比臺灣北到南全長距離還要遠，由此可知美國國土之廣袤！）實在很遙遠，開車約 6 小時（來回還要乘以 2），但如果搭飛機則僅需 1 小時 20 分鐘，因為沒有要過夜，且要當天來回就只能搭乘飛機。但搭飛機是口袋有點閒錢的「好野人」才能做的事，參訪首府沙加緬度費用一人就要美金 434 元（折合臺幣超過 1 萬 2 千元），學校考量到家長的經濟負擔，設計了一個分期付款的方式，發通知單請家長分五期付款，大致就是每個月付一次錢，除第一次要繳 100 元美金，其餘四次就是 83 或 84 美金，最遲不要超過 2 月底，因為學校要訂機票。我想這應該很符合我們印象中老美比較沒有儲蓄的習慣，常常使用分期付款買物品或進行娛樂活動。

You may choose to pay in full upfront or follow the payment schedule below. Please read and complete the bottom portion of this form, detach and email (a picture of it is fine), fax, or mail to EDT with your deposit or full payment. After registering with the paper form, all other payments can be made online on our website below, using your traveler and tour ID #'s (found on the invoices mailed to you monthly).

Student Payment Schedule & Amount:	Adult Payment (student schedule applies):
Non Refundable Deposit of $100.00 or full payment by 10/1/2017	Deposit of $100.00 or full payment
Second payment of $84.00 by 11/11/2017	Second payment of $84.00
Third payment of $84.00 by 12/11/2017	Third payment of $84.00
Fourth payment of $83.00 by 1/11/2018	Fourth payment of $83.00
Fifth payment of $83.00 by 2/11/2018	Fifth payment of $83.00

Final payment will be due 60 days prior to departure. We cannot guarantee travel for anyone with a balance due 60 days prior to departure.

Checks can be made payable to Educational Discovery Tours or EDT
EDT • PO Box 10200, Truckee, CA 96162 • 800-544-4723 • FAX 530-582-6039

學校發下的 Field Trip 通知單，上面有旅費分期付款的說明

　　為了這趟加州首府之旅，學校很用心的在出發前 10 日──5 月 1 日安排了一場必須參加的會議（a mandatory traveler's meeting on Tuesday, May 1st at 6:00 PM），這場會議主要目的是要提供學生有參加的家長，或是要陪伴一起去的家長，有關於旅行的資訊，並回答家長的提問（The purpose of this meeting is to provide parents with all the pertinent travel information for the trip and to answer all questions）。從這點可以看出，學校當局很重視此次旅行。

　　Rossmoor 小學也考量到即使有分五期付款的措施，但對於經濟較拮据的家庭，一次遠足就燒掉 400 多美金，還是不小的負擔！因此，沒有要到首府沙加緬度參訪的學生，則可以選擇另一條路線，比較「平民化的」搭遊覽車到 Knott's Berry Farm，距離學校約 8 英里多，搭車約 30 分鐘就到了。Knott's Berry Farm 跟臺灣的「一三六九」主題樂園很類似，大致上就是一些刺激的遊樂設施，且門票相對「平易近人」。我在 2018 年 2 月時買了 2018 年票（2018 年不限次數進入），每張年票將近 100 美金，相對於加州迪士尼高不可攀的年票（最便宜約 600 美

金，最貴 1,000 美金）與普通票價（100 美金左右，約臺幣 3,000 元），Knott's Berry Farm 應該是人人玩得起。特別的是，如果學生 Field Trip 選擇到 Knott's Berry Farm，不須支付任何費用，這是因為學區的一個基金會會支付所有學生的費用。這一點倒是很特別，對於經濟弱勢的孩子而言，不用擔心付不出錢無法參加，不過，基金會就是要很努力募款，家長也要踴躍捐獻。

● 喜歡嗎？爸爸付不起

我知道 Tim 和 Ian 很想參加這次搭飛機參訪沙加緬度的遠足，也曾經好幾次跟我抱怨他們班誰誰誰……有參加，他們的好朋友誰誰誰……都報名了，有時兩個人還有點像唱雙簧，一搭一唱的抱怨，聽得我耳朵都快長繭了。但身為爸爸的我，考量的當然會比孩子多，不僅要考量全局的高度，更要考量到我口袋的「深度」，一方面費用不便宜，兩位學生就要約 868 美金，折合臺幣約 2 萬 6 千元（我在臺灣賺的是臺幣，在這裡卻是要付美金，真的是要精打細算）。事實上，8 月初我們全家剛到美國約兩星期左右，也就是開學前幾週，已經去過加州迪士尼樂園兩趟，共燒了門票錢 800 美金左右（約臺幣 2 萬 4），我想將有限的盤纏留著，利用在美國一年的時間參訪其他景點，例如：環球影城、Legoland；另一方面，搭飛機雖然安全，但還是有點風險，雖然有學校教師帶隊，但是我那保守加矜持的個性告訴我，還是不要讓 Tim 和 Ian 單獨搭飛機，真的會不放心哪！

● 很忙碌的校長，整天忙著轉播遠足實況

5 月 11 日這天，選擇貴族路線的學生大約清晨 5：45 先到學校集合，之後搭遊覽車到 Long Beach 機場搭飛機，最後，飛機落地回到 Long Beach 機場已是晚上 8：35，師生再搭遊覽車回到學校已經是晚上

9：15了。這一天，校長真的非常忙碌，她一天發了好幾封email，跟家長告知旅行動態，像是在進行旅行的文字實況轉播一般。一大早第一封email主要是告知家長，飛機8：13已經從Long Beach機場起飛，早上9：30已經平安落地；中午跟下午時，又發來幾封email，告訴家長師生已經到哪裡參訪等等；最後，晚上還有一封email，當然是要通知家長，飛機已於晚上7：16從機場起飛返回，預計幾點land in Long Beach機場。我真的佩服校長今天努力的做文字實況轉播，將孩子的旅行動態隨時回報給家長知道，我想她今天應該是處於高度緊繃的狀態，從一大清早就是，直到飛機返回平安落地為止吧！這大概是臺灣的小學校長從來沒有過的經驗吧！

Knott's Berry Farm

Tim和Ian去Knott's Berry Farm，因為我2月時買了年票，他們已經去過幾次，等於舊地重遊。不過，這次比較特別的是，園方安排導覽行程。放學回來時，每個人都還帶回一個小玻璃瓶，裡面裝的是碎金，搭配學校的課程——淘金熱，讓學生真正看到碎金的外貌。

Field Trip 的特色

歸納Rossmoor小學四年級Field Trip的特色，有以下幾點：

1.結合學校課程進行參訪

這次的遠足，不僅是單純的旅遊，除了娛樂休閒的部分之外，還多了知性的部分。不論是到加州首府或是到主題遊樂園，行程都結合了學校課程的部分，到加州首府的行程，參訪首府以及附近的鐵路博物館，讓學生對於加州的政治機關以及加州的文史有更多的了解；而參加主題遊樂園的行程，除了遊樂設施之外，也配合學校課程的導覽行程。這樣

的規劃與設計，讓孩子除了玩到，還有學到東西，寓教於樂，「教」與「樂」兼具。

2. 規劃讓學生有不同選擇性的參訪行程

印象中臺灣的小學，同一個年級或年段，遠足的地點都是相同的，沒聽過有不同地點。但 Rossmoor 小學則是讓學生有選擇性，可以從兩個路線中加以選擇，這是其優點。不過，在實務操作上，如果要這樣做，學校的準備工作勢必比較複雜，隨行的教師或家長也必須按照兩條路線分工，所需的大人人力勢必更多。但是，我想有一點更重要，學校要避免讓孩子產生比較的心理，或避免產生標籤化效應：家境富有的可以參加飛機團，家境不好的只能參加巴士團，這點恐怕是學校要傷點腦筋去想的。

3. 搭乘飛機可拓展參訪行程範圍

小學的遠足或參訪，受限於經費與時間，大抵是用走路（近程）、搭遊覽車或其他大眾交通工具。像 Rossmoor 小學師生是搭飛機到加州首府參訪，還是我第一次看到，算是開了眼界。當然，搭飛機牽涉到的因素就更多了，例如：時程如何安排？家長是否能負擔相關費用？是否有經費補助？安全如何考量？保險如何加保？……但也就是因為搭乘飛機，讓師生的移動範圍可以擴大許多，有些比較遠的景點或機構才有辦法參訪。

在臺灣，因為多年來經濟不見好轉的關係，再加上我們的國民所得比起美國人低很多，如果想要讓學童搭乘飛機進行戶外教育，光是費用的關係可能就讓許多家長打退堂鼓，遑論考量到安全等其他因素。好消息是臺灣本島較小，再加上有高鐵可以實現一日生活圈，如果改為搭乘高鐵，因學童票或團體票比較便宜，也沒有搭飛機需要進行報到、安檢或通關等繁瑣程序，倒是一個不錯的選項。

4.由學校基金會支付相關費用

前述提到，Rossmoor 小學的學生如果是到主題樂園 Knott's Berry Farm 遠足的，不須付任何費用，費用是由學區的一個名爲 LAEF 的基金會埋單。這讓我聯想到近年來常常看到媒體報導，許多國中小學生爲了籌措畢業旅行的費用，必須自己自製一些物品，利用沒課的時間販賣籌措費用。我記得 2015 年暑假，中教大師培處跟南投縣信義鄉信義國小合辦教育部大專生實踐教育史懷哲計畫，由師資生或是公費生到山上幫弱勢學童進行義務課業輔導四個星期，而結業式是利用星期六到信義國小辦理，我跟家人就遇到信義鄉的桐林國小校長，她星期六還不得閒，跟學校孩子一起販賣自製的梅子醬等食物，目的就是自己的旅費自己賺！

我想未來臺灣的小學在法律的允許下，可以成立類似的基金，再加上強化募款或捐贈的活動，也許就可以將這些經費運用在辦學上，例如：支應學校辦理各項活動，像是戶外教育或科展等等。

5.導師教學結合此次遠足活動

這次的戶外教育活動，導師將其與數學或社會等課程加以結合。例如：導師要學生去計算從學校到 Sacramento 和 Knott's Berry Farm 的距離分別是多少？搭乘飛機或遊覽車各需要多長時間？所有參訪 Sacramento 的學生總共繳了多少費用？

諸如此類的題目，雖然在設計上很簡易，但充分體現出跨領域的教學設計，結合了科技、數學、社會等領域所學。學生必須先在 Google Map 上查出到兩個點的距離，然後在教師給定的飛機航速或遊覽車時速前提下，計算出各需要多少交通時間？其次，還要統計出所有搭乘飛機者所繳交的費用總和等，最後，畫出遠足的路線圖。這樣的方式，不僅可評量出學生是否具有跨領域素養的能耐，也讓數學課程結合了學校生活，符合十二年國教所強調的，教師教學必須提供機會讓學生可以在

生活中加以實踐。此外，也讓數學課程變得更加活潑，使學生能感受到學習數學是可以運用實踐的，絕不是很單調乏味的，相信這有助於提高孩子學習數學的動機！

　　以下是學校 email 給家長，有關學生到 Sacramento 進行參訪的旅程時間表，可以發現時間規劃非常細緻。

Below is a sample Itinerary – every group is slightly different.

- 5:45 am: Meet at Rossmoor Elementary
- 6:15 am: Bus Departs for Long Beach (LGB)
- 6:45 am: Arrive at Airport
- 8:13 am: Flight Departure from Long Beach (LGB) Jet Blue
- 9:32 am: Land in Sacramento
- Example Itinerary Below – It will be a similar version
- 10:15 am: The California State Capitol Tour
- 11:30 am: Railroad Museum
- 12:15 am: Lunch (eat on bus)
- 1:15 pm: Tour Marshall Gold Discovery Park
- 2:30 pm: Mountain Man Presentation
- 3:15 pm: Gold Panning with the Gold Prospector
- 4:00 pm: Gold Diggins Dinner
- 6:15 pm: Airport Check In (Sacramento)
- 7:16 pm: Flight Departs
- 8:35 pm: Land in Long Beach (LGB)
- 9:15 pm: Arrive at Rossmoor Elementary

生病
Sickness

美國居，大不易！看醫生是到美國生活最不容易解決的事情

　　來美國之前，其實已經做了各項準備，包含帶了一些藥品來美國，畢竟，在臺灣時早就聽許多人提到，在美國看醫生或就醫費用常常都是天價，而且如果就醫的診所或醫院，不在自己投保保險涵蓋的範圍之內，恐怕無法獲得理賠。在臺灣因為有舉世聞名「俗又大碗」、「大小都保」的健保，就醫不僅非常方便，費用也便宜的多。然而，人很難不生病，遇到了還是要想辦法面對。10 月 22 日（日）Ian 突然發燒，還好我們有從臺灣帶退燒藥來美國，否則，在美國不像在臺灣很容易找到診所或醫院。在美國，要特別保重自己的身體，因為生病了可能都不知道要到哪裡就醫，因為很少看到診所或醫院（最常見的只有牙科）。而且，就算就醫看病，「貴森森」的醫療費用會讓人很痛。聽在美國擔任護士的朋友 Flora 說，只要到 ICU 就是一萬美金起跳，貴得嚇人！另外，來美國沒多久，我的眼鏡就壞了，好不容易找到一家眼鏡行，進去一問，不僅配眼鏡很貴（以我的高度近視配眼鏡大約要 350 美金），連檢查視力都要 50 美金（臺幣 1,500 左右，但在臺灣眼鏡行都會免費幫忙做視力檢查），都是一筆很大的負擔。所以，到美國務必準備好一些

成藥或是備用藥品（但要小心過海關時會不會有問題），像是退燒藥、止瀉藥、止咳藥、抗過敏或皮膚藥，或是 OK 繃、優碘等等。

配一副備用眼鏡

近視的人（特別是高度近視的人）一定要配一副備用眼鏡，出國前約一個月時，Sylvia 問我要不要去配備用眼鏡，她認為我是高度近視，最好要配備用眼鏡，在她的建議之下，我花了約 7,000 臺幣配了一副備用眼鏡。原本認為應該用不到，沒想到來美國大約兩個月左右，可能因為加州陽光太強，開車時眼鏡夾著墨鏡，導致鏡架與鏡片鬆動，雖然修理過幾次，但美國的眼鏡行技術沒有臺灣的好，無法完全修好，還是不敢戴。還好有配備用眼鏡，否則沒有眼鏡根本就無法出門做任何事了！

老美保護小孩的細心程度讓人訝異與感動

10 月 23 日（週一），Ian 因拉肚子請假在家休息。送 Tim 到校後，我到 office 問 Ms. Doreen 如何請假？她一看到我，還記我是 twins 的爸爸，我跟她講 Ian 的姓名，看她在一個表格的一列上登記，這樣就完成了，不必跟導師登記請假。這樣的做法跟臺灣的小學有些不同，臺灣的小學，學生要請假可以打到辦公室請行政人員轉知導師，但也有些學校要直接跟導師請假。

10 月 24 日（週二）早上，送 Tim 和 Ian 到學校後，在去上英語課的路上，Rossmoor 小學校護打電話來，表示 Ian 生病，要我們到學校載他回家休息。

到了 office，因為 Ms. Doreen 去開會，一位 Ms. Doreen 的代理人 Ms. Hall 在辦公室，一見到我就問是要 pick up Ian 嗎？她先跟我要駕照與護照確認我是 Ian 的爸爸，之後要我寫一下 sigh out 的表格。我在寫的時候，她問一下站我旁邊的是否是 Ian 的媽媽，還回頭看待在 Health

Center 的 Ian，跟 Ian 確認我是他的爸爸。Ms. Hall 也向我說明，美國政府規定只要有 fever、vomit，和 diarrhea，就必須在家休養 24 小時，等到沒有這些症狀，才可以回到學校。明天 Ian 如果 feel much better，就可以回到學校上課了。

從這次接送 Ian 回家休養的過程，我有幾點感想：

第一，美國人做事真的一板一眼，為了確保孩子的安全，不怕麻煩，再三確認。為了確定真的是由家長接回，不僅要填寫 sign out 的表格，檢查了我的雙證件（駕照與護照），還問一下站在我旁邊的是否是孩子的媽媽，甚至還要再跟孩子確認接的人真的是父母親。雖然較為繁瑣（四度檢查與確認），但由此可見，美國教職人員對於保護學生的做法真的是相當細緻，層層把關。

相較於美國，臺灣學校的做法則有改善之處。我想到前不久在臺灣某「水果日報」網路新聞，看到一則不幸新聞。有一位小五女生結識男網友，相約要出遊，她與網友說好，騙教師說男網友是她的表哥，要到她家中幫忙修電腦，僅僅跟上課教師這樣講，教師就放行了。沒多久上課教師感覺不對，跟主任反應，而小五女生與男網友離開時，曾被學校主任看到兩人很親暱，主任感覺很怪，但開始去找人時已經來不及了，因為兩人已經要離開摩鐵了，小女生受到了性侵害，家長氣得要找教師算帳，認為連人在學校上課都會出事，讓人無法接受。

另外有一點感想，相較於美國，在臺灣學生生病除非較嚴重，會待在保健室等家長接回，但更普遍是家長到教室接回。不過，這樣一方面教師上課時要分心聯絡家長，等家長到時，還要暫時中斷上課跟家長談話，教師的負擔較重，教師教學與學生學習不免也受到影響。或許可參考美國，類似情形可以交給行政人員處理，讓教師專心授課即可。而且，我想臺灣的中小學更有條件這樣做，因為根據我的觀察，Rossmoor 行政人員真的少得可憐，除了 principal 之外，office 只有一位 staff – Ms. Doreen Gertjejansen，以及 Health Center 有一位 staff，另

外還有幾位類似臺灣的工友，負責清潔與除草，此外就沒有其他 staff 了，完全不像臺灣有很多行政處室的單位，還有主任與組長等編制，這也是臺灣與美國小學很大的不同之處。

特別人士的日子
Special Person's Day

學校發下通知，5 月 30 日要舉行 Special Person's Day，要每位學生邀請一位能到學校參加的家人，到學校與學生以野餐的形式共進午餐，時間是從中午 12：15 至 13：00，這次學校還特別發下紙本的邀請函。

剛收到這樣的訊息，感到很新奇，因為這一天並不是特別的節日，而且在臺灣也沒見過小學有這樣的活動；另一方面，因為可以跟孩子一起野餐，想像起來應該是蠻愜意的；當然，我想利用這個機會，希望能親眼「目睹」美國小學的午餐，到底讓孩子吃些什麼（老美才會長得又高又壯？）與臺灣小學的營養午餐有何不同？是不是真的很多 junk food？

因為我們是全家四個人一起到美國來，所以 Tim 和 Ian 別無選擇，只能 invite 我跟孩子的媽。為了這一天，我跟孩子討論了好幾次，問他們希望爸媽帶哪些好吃的食物去學校？吃完飯，想要看哪些書籍？當天一併帶過去。

我跟 Silvia 參加 Special Person's Day

到了 5 月 30 日，一到學校，已經有許多家長陸陸續續到了。依照學校的規定，在校門口簽名報到後，貼上識別的貼紙，我跟孩子的媽一起走進教室，教室裡已經有許多家長開始跟孩子共進午餐，有些人在教室裡，也有些人在教室外的桌椅或草皮上席地而坐野餐。我跟 Silvia 帶了餅乾、草莓與香蕉，還特別先繞到 85 度 C 買了祕密武器——珍珠奶茶，一方面想說「輸人不輸陣」，讓老美家長看看來自臺灣的國際品牌——85 度 C 的珍珠奶茶；另一方面，也好好犒賞 Tim 和 Ian，5 月底已經是學期末了（Rossmoor 小學 6 月 14 日結業式），他們來到美國念小學也快一年了，離鄉背井來到地球的另一端求學，還要全部使用英語嘰哩呱啦上課，真的是不容易，來杯大杯的珍奶好好的獎勵獎勵他們。

● 美國小學超高熱量的午餐！令人不可思議！

　　這天 Tim 和 Ian 也買了學校的午餐，眞是百聞不如一見！平日聽他們說午餐有洋芋片、熱狗、炸雞、披薩或是剉冰，我總是感到不可思議，今天總算見識到了，不僅有洋芋片，還有巧克力餅乾、糖果！我趕緊拍照「留念」。我很納悶，這些都是高熱量的垃圾食物，吃了只會發胖，沒啥營養，學校爲何會讓孩子吃這些？試想，如果臺灣的小學讓學生吃這些垃圾食物，學校一定被罵翻，校長 1999 電話一定接不完，而且很容易就上了「水果日報」。反觀臺灣小學的營養午餐，不僅強調菜色要多變化（肉類、魚類、蔬菜、水果、湯等），也要兼顧營養均衡與孩子的喜好，有的學校甚至還有營養師幫忙調配、控制熱量與營養。

Tim 和 Ian 學校賣的午餐內容（85 度 C 珍奶與草莓是我跟 Sylvia 帶去的，其餘是在學校買的午餐，竟然有餅乾、洋芋片、沙拉醬，雞塊已經被吃完了，孩子表示有時還有披薩、剉冰和雞排）

　　吃著吃著，我們來到教室外的草地上，鋪上野餐墊，Tim 和 Ian 打開書本，一邊閱讀他們自己所挑選喜歡的書籍，還一邊享用著珍珠奶茶（唉！這其實也是 junk food）。我還看到其他同學的爸媽，大家都趁著今天不算太熱的舒適天氣，好好的在草地上一起享受美食與天倫之樂。我跟 Silvia 還遇到了來自越南 Mihn 的媽媽，我們閒聊了一陣子，告訴她下個月我們就要回臺灣了，她感到很難過，希望我們能在美國多待一會兒。我們也相約，未來如果他們有來到臺灣，一定要來找我們，畢竟，在美國一年，不論是大朋友或小朋友，大家已經建立起友誼，成為好朋友了！

Tim 和 Ian 在教室外草地上看書並享用臺灣品牌 85 度 C 珍珠奶茶

學校發的 Special Person's Day 通知內容：

Wednesday-Special Person's Day

Our Knights are looking forward to our Special Person's Day this Wednesday, May 30th. This special event starts at 12:15pm and ends at 1:00pm, right before dismissal.

Each student **can invite one** special person that they would like to have attend with them. Grade levels will be meeting in the stage area. The special person can bring a picnic lunch to share with their student so we can all spend some quality time together. *School lunches will also be available for students as usual in our cafeteria.*

All students will participate even if they are unable to bring anyone. Please see the Save-the-Date below. Paper invitations went home this past week. Do not forget to RSVP on the invitations (attached here) and return to teacher! Looking forward to our first Special Person's Day!

21

情人節
Valentine's Day

在臺灣，談到 2 月 14 日的西洋情人節，大致是熱戀中的情侶互贈禮物、花束、約會，或是到餐廳吃大餐慶祝，除了有濃濃的戀愛氣息，也帶有一絲絲商業氣息。情人節在臺灣的中小學方面，我沒聽過有相關活動。但是在美國，小學在情人節可是有活動要進行的。在情人節前，Tim 和 Ian 告訴我，導師 Mrs. B 在課堂上有告訴學生情人節的由來，也表示情人節當天可以帶糖果到學校，利用時間分贈給同學。我聽了 Tim 和 Ian 的說明，覺得還是有點模糊，因為以前從未聽說美國小學如何過情人節。

Mary 帶 Tim 和 Ian 到超市買情人節用的糖果

倒是我們的好房東 Mary 在 2 月 1 日來收房租時，就告訴我們，她在情人節前會來找我們，帶我們去超市買糖果，讓 Tim 和 Ian 帶到學校送給同學。情人節前一天，Mary 依約帶我們到租屋處附近的 Target 超市買了許多糖果，例如：彩虹糖（skittles）、Fun Dip 等等，讓 Tim 和 Ian 樂不可支。結帳時，我原本想要付錢，但 Mary 很客氣地表示她要請客買給 Tim 和 Ian。

經過 Mary 的解釋,以及實際帶我們到超市買糖果的「實作」,要讓 Tim 和 Ian 帶到學校送給同學,這時,我才算真正了解美國小學情人節舉行的到底是什麼活動。

情人節糖果戰利品

情人節當天,Tim 和 Ian 就帶著 Mary 送的糖果到學校。放學回家後,Tim 和 Ian 迫不及待拿出同學送給他們的「戰利品」——一堆色彩鮮豔、奇形怪狀、不知含有多少色素的糖果!(天哪!身為爸爸的我,當下真是害怕他們把這些不健康的糖果全部吃下肚,真想趁他們不注意時讓這些糖果自動消失。)當然,他們還有拿到一些小玩具,例如:戴起來令人感到很有趣又很好笑的愛心型塑膠眼鏡。Tim 和 Ian 說他們是利用上課時跟同學分享糖果,大家都很開心的隨意走動,到處送糖果給同學。而導師 Mrs. B 這天也準備了三種糖果分給班上每位學生。分送到最後,Tim 和 Ian 手上的糖果,竟多到要用導師發給的紙袋盛裝才能帶回家。我想,這樣的過情人節方式,是一個讓他們印象深刻、難以忘記的回憶!當然,也是一個「合法」、有藉口可以大肆享用糖果的好機會呀!

Tim 和 Ian 戴上很 funny 的愛心型塑膠眼鏡

Ian 在 Valentine's Day 當天放學帶回家的戰利品

　　由美國小學過情人節、分享糖果這件事情，讓我想到，在學校教育的活動上，教師除了解說，有時有必要透過實作、參與、體驗、分享等方式，更能讓學生留下深刻的印象與回憶。這次的小學情人節活動，也讓我又一次見識到美國小學與臺灣小學不同的一面。其次，雖然有人可能會認為送糖果給全班同學的活動有點商業化（畢竟是肥了賣糖果業者的荷包），可能也有人會認為吃太多糖果只會讓學童有更多蛀牙、更不健康，這些當然都是合理的意見，但是從另一個方面思考，透過分享糖果給同學或教師，藉此傳遞一些情意或友誼，還是具有正向的意義，我想也許這就是美國小學情人節分享糖果活動的最大價值所在。

國家圖書館出版品預行編目資料

我所觀察到的美國小學教育：尊重、自然、自
主、多元、開放、核心素養導向／林政逸
著. －－初版. －－臺北市：五南圖書出版
股份有限公司，2021.05
　　面；　公分
ISBN 978-986-522-684-8（平裝）

1.初等教育　2.美國

523.952　　　　　　　　　110005517

1I3T

我所觀察到的美國小學教育
尊重、自然、自主、多元、開放、核心素養導向

作　　者 ― 林政逸（119.9）

發 行 人 ― 楊榮川

總 經 理 ― 楊士清

總 編 輯 ― 楊秀麗

副總編輯 ― 黃文瓊

責任編輯 ― 李敏華

封面設計 ― 王麗娟

出 版 者 ― 五南圖書出版股份有限公司

地　　址：106台北市大安區和平東路二段339號4樓

電　　話：(02)2705-5066　　傳　　真：(02)2706-6100

網　　址：https://www.wunan.com.tw

電子郵件：wunan@wunan.com.tw

劃撥帳號：01068953

戶　　名：五南圖書出版股份有限公司

法律顧問　林勝安律師事務所　林勝安律師

出版日期　2021年5月初版一刷

定　　價　新臺幣330元

經典永恆・名著常在

五十週年的獻禮 —— 經典名著文庫

五南，五十年了，半個世紀，人生旅程的一大半，走過來了。

思索著，邁向百年的未來歷程，能為知識界、文化學術界作些什麼？

在速食文化的生態下，有什麼值得讓人雋永品味的？

歷代經典・當今名著，經過時間的洗禮，千錘百鍊，流傳至今，光芒耀人；

不僅使我們能領悟前人的智慧，同時也增深加廣我們思考的深度與視野。

我們決心投入巨資，有計畫的系統梳選，成立「經典名著文庫」，

希望收入古今中外思想性的、充滿睿智與獨見的經典、名著。

這是一項理想性的、永續性的巨大出版工程。

不在意讀者的眾寡，只考慮它的學術價值，力求完整展現先哲思想的軌跡；

為知識界開啟一片智慧之窗，營造一座百花綻放的世界文明公園，

任君遨遊、取菁吸蜜、嘉惠學子！